W0391568

Schirner Verlag

Lisa Biritz

Dein MedizinName

Die verborgene Lebensaufgabe finden – die Welt heilen

Schirner Verlag

Die Ratschläge in diesem Buch sind sorgfältig erwogen und geprüft. Sie ersetzen keine ärztliche, heilpraktische oder therapeutische Behandlung. Alle Angaben in diesem Buch erfolgen ohne Gewährleistung oder Garantie seitens der Autorin oder des Verlages. Eine Haftung der Autorin bzw. des Verlages und seiner Beauftragten für Personen-, Sach- und Vermögensschäden ist daher ausgeschlossen.

Dieses Buch enthält Verweise zu Webseiten, auf deren Inhalte der Verlag keinen Einfluss hat. Für diese Inhalte wird seitens des Verlages keine Gewähr übernommen. Für die Inhalte der verlinkten Seiten ist stets der jeweilige Anbieter oder Betreiber der Seiten verantwortlich.

Wir verzichten auf das Einschweißen unserer Bücher – **UNSERER UMWELT ZULIEBE!**

ISBN 978-3-8434-1374-9

Lisa Biritz:
Dein Medizinname
Die verborgene Lebensaufgabe finden – die Welt heilen

Umschlag: Silja Bernspitz & Elena Lebsack, Schirner, unter Verwendung von Bildern von www.shutterstock.com (siehe Bildnachweis)
Layout: Elena Lebsack, Schirner
Lektorat: Rudolf Scholz, Schirner
Printed by: Ren Medien GmbH, Germany

www.schirner.com

1. Auflage März 2019

Inhalt

Vorwort

Über den Medizinnamen und darüber, wie du ihn findest, handelt dieses Buch. In der heutigen hochtechnisierten westlichen Gesellschaft fühlen sich viele Menschen vom Leben getrennt und suchen die Rückverbindung zur Natur, zum Ursprung. Sie verspüren die Sehnsucht, sich wieder mit ihrer eigenen Seele zu verbinden und ihre Bestimmung in diesem Leben zu entdecken. Sie fragen sich: »Wer bin ich wirklich?«

Das mag auch der Grund sein, weshalb du, liebe Leserin, lieber Leser, dieses Buch liest. Keine Sorge: Für die Arbeit mit

dem Medizinnamen brauchst du die technische Welt nicht aufzugeben, sie steht nicht im Widerspruch zu dieser Sehnsucht. Es geht einfach darum, das eine mit dem anderen zu verbinden. Es ist auch nicht das Ziel, dass du jemand anderes wirst, z. B. ein Indianer, sondern ganz im Gegenteil darum, dass du wahrhaftig du selbst wirst und authentisch lebst.

Dies wird dir mithilfe deines Medizinnamens gelingen. »Medizin« ist im Schamanismus eine besondere innere Qualität, die für das tiefste Innere steht. Dein Medizinname lässt dich deine wahren Potenziale freilegen und in deine Kraft finden. Diesen wirst du dank traditioneller Methoden entdecken, die dich darin unterstützen, deinen natürlich Ursprung wiederzufinden. In ähnlicher Form gab es Medizinnamen auch einmal in unserer westlichen Welt.

Möge dich dieses Buch inspirieren und dazu anregen, innezuhalten, durchzuatmen und das Leben immer wieder als das zu erleben, was es ist: ein Wunder, von dem du ein magischer Teil bist, und das es zu entdecken und zu genießen gilt. Dein Medizinname unterstützt und begleitet dich dabei.

Es ist Zeit für dich, du selbst zu sein.
Es ist Zeit, deinen Medizinnamen
zu suchen und zu finden.

Meine Begegnungen mit dem Zauber der Namen

Als Kind fiel mir irgendwann auf, dass es um mich herum normale und ungewöhnliche, besondere Namen gab. Normal waren etwa Sabine, Martin, Petra oder Thomas, ungewöhnlich etwa Samantha oder Kevin. Ich bewunderte Schüler mit einem ungewöhnlichen Namen immer ein bisschen, einfach weil ihr fremd klingender Name sie zu etwas Besonderem machte. Ich selbst wollte immer Carol heißen und stellte mir darunter ein Mädchen vor, wie ich es nicht war: bei allen beliebt und mit blondem kringellockigem Haar. Ich war weder besonders beliebt noch unbeliebt, hatte blondes glattes Haar, und mein Name war Elisabeth.

In Asien

Als ich mich dann in meinen Zwanzigern auf die Suche nach dem tieferen Sinn des Lebens machte, begegneten mir in Asien viele neue ungewöhnliche Namen, z. B. Sri, Prem, Ranesh, Deva, Asana, Suira und Bodhi. Sie klangen sehr, sehr anders – noch ungewöhnlicher als Samantha oder Kevin oder Carol. Ich hatte keine Ahnung, was sie bedeuten könnten, aber was machte das schon aus? Ich wusste ja auch nicht, was die ganzen normalen Namen bedeuteten.

Diese Sris und Devas (und wie sie noch alle hießen) umgab eine Aura des Mystischen und des Einmaligen. Wen kümmerte es, dass sie noch vor Kurzem Susi oder Uschi, Peter oder Klaus geheißen hatten? Mit ihren neuen Namen waren

sie plötzlich andere Menschen. Sie bewegten sich plötzlich anders, zogen andere Kleider an, sogar ihre Stimme klang anders. Damals konnte ich mir das noch nicht erklären. »Ist das bloß Schauspielerei oder echt?«, fragte ich mich.

Die spirituellen Lehrer, von denen sie die Namen erhielten, sagten, dass mit dem spirituellen Namen die wahre Natur hervorkomme. Dass jeder Name eine bestimmte Schwingung, eine Energie habe, die sich auf die Person und ihr Umfeld auswirke – und dass ein Name, der nicht das wahre Wesen spiegele und hervorbringe, sogar schädlich sein könne. Dass außerdem ein neuer Name einem darin unterstütze, die alten Konditionierungen aus Kindheit und Jugend aufzulösen, die Vorstellungen der Eltern und des sozialen Umfeldes darüber, wer und wie man sein und was man wo einmal werden solle – vor allem auf gesellschaftlicher, beruflicher und familiärer Ebene –, abzustreifen.

Das leuchtete mir durchaus ein.

In Asien beschäftige ich mich mit den unterschiedlichsten Lehren – vom Buddhismus über den Hinduismus bis hin zum Sufismus – und auch mit diversen selbsternannten Gurus. Es waren sehr inspirierende Jahre. Vor allem die Lehren des Buddhismus – Mitgefühl, sich nicht mit seinen Gedanken identifizieren und der ständige Wandel allen Lebens – prägen mich bis heute, auch manche Meditationen daraus.

Hinterfrage immer alles,
was dir gesagt wird,
und probiere es selbst aus.

Diesen Rat legte einst Buddha seinen Schülern nahe. Ich beherzige ihn, seitdem ich ihn kenne. Und ich gebe ihn meinen Seminarteilnehmerinnen und -teilnehmern sowie dir, meiner Leserin, meinem Leser, weiter.[1]

Ich wunderte mich also darüber, weshalb es die Lehrer und Gurus waren, die ihren Schülerinnen und Schülern die neuen Namen gaben. Sie channelten deren Namen, empfingen sie also während einer Meditation aus höheren Sphären. Warum aber taten das die Schülerinnen und Schüler, um die es eigentlich ging, nicht selbst? Schließlich hatten sie von ihren Lehrern gelernt, in der Meditation in jene höheren Sphären zu gelangen. Sie wussten also, wie es ging, und hätten es selbst vollbringen können. (Erst später sollte ich auf eine geistige Ausrichtung treffen, in der man seinen spirituellen Namen selbst findet: den Schamanismus.)

Übrigens war es eben diese Möglichkeit, selbst mit den »himmlischen Gefilden« in Kontakt zu treten, ohne Beihilfe eines Vermittlers, die mich, die ich im katholischen Glauben erzogen worden war, bei diesen neuen Lehren so stark anzog. Vermutlich faszinierte und irritierte es mich daher, dass der

1 Hinterfrage natürlich auch, was ich hier schreibe, und probiere selbst aus, ob es für dich funktioniert. Jeder Mensch ist einmalig, jeder findet seinen einzigartigen Weg durch sein Leben. Was ich in meinen Seminaren weitergebe und hier schreibe, ist als Anregung gedacht. Es gibt vielleicht universelle Weisheiten, aber sicherlich nicht die eine absolute Wahrheit.

spirituelle Namen nicht von einem selbst entdeckt werden sollte. War es nicht wie bei der Taufe, in deren Rahmen einem die Eltern bzw. der Priester den Namen gab? Wieder waren es andere Menschen, die ein Stück weit definierten, wer man war.

In dieser Zeit beschäftigte ich mich dann auch mit »Elisabeth«, meinem eigenen Namen. Ich erfuhr von Bibelgeschichten und Legenden und Heiligen. Ich selbst sei nach der Heiligen Elisabeth von Ungarn[2] benannt, erklärten mir meine Eltern, denn ein Teil der Familie stammt ursprünglich aus Ungarn. Diese Elisabeth soll den Armen und Bedürftigen geholfen haben. Ich dachte viel über die Motive für meine Namensgebung nach. An sich fand ich sie gut, aber ich konnte mich nicht wirklich mit ihnen identifizieren.[3] Ich fühlte, dass ich nicht Elisabeth *war,* auch wenn ich so hieß. Ich wusste nicht, wer ich war, und kannte meinen wahren Namen nicht.

Ich fühlte keinen Bezug zu Ungarn, und ich wollte auch nicht Sozialarbeiterin oder Ähnliches werden. Die Welt war mein Zuhause, und Heilung und Sinnsuche im Leben waren meine Themen. Auch klang »Elisabeth« lang und schwer in meinen Ohren. Schon als Teenager bat ich meine Freunde, mich einfach »Lisa« zu nennen, nahm also die unterschiedliche Schwingung dieserer beiden Namen wahr. Das ist mir bis

2 https://de.wikipedia.org/wiki/Elisabeth_von_Thüringen

3 Aus der Institution Kirche trat ich schließlich aus. Allerdings habe ich hohen Respekt vor der christlichen Lehre. Die bedingungslose Liebe von Jesus und Maria ist Teil des mir innewohnenden spirituellen und kulturellen Erbes, das ich sehr wertschätze.

heute geblieben, deshalb bin ich auch als Autorin Lisa. Lisa finde ich kurz, fröhlich und leicht.

Trotzdem ließ ich mich in Indien darauf ein, einen spirituellen Namen gechannelt zu bekommen. Ich wollte einfach wissen, wie es ist. Falls er zu mir nicht passen würde, könnte ich ihn ja wieder loslassen.

Aus mir wurde »Ma Deva Sandhya«. Und, ja, ich war genauso entrückt und verzückt wie die anderen, die ich beobachtet hatte, als diese ihren Namen erhielten. Bis heute kann ich nicht sagen, ob mein Zustand »echt« war oder ob ich einfach vom Rausch der Feierlichkeiten getragen wurde. Es spielt keine Rolle. Es war eine wirklich schöne Feier, schon allein deshalb hat es sich gelohnt: In einem festlich geschmückten Saal wurden ich und die anderen »Neuen«, wir waren ganz in Weiß gekleidet, von an die Tausend Schülern und Anhängern besungen. Es regneten Unmengen von duftenden Rosenblüten auf uns hernieder. Es wurde laut schöne, sehr tanzbare Musik gespielt. Und jeder tanzte und sang. Wir schwitzen alle unglaublich, weil es so heiß war.

Es war eine wunderbar schöne und fröhliche Feier auf die Neuen und auf das Leben – so anders als alles, was ich jemals zuvor in der Kirche erlebt hatte. Als Ma Deva Sandhya fühlte ich mich tatsächlich wie neugeboren: leicht, fröhlich, ganz ich selbst und genau so, wie ich war, richtig.

Ma Deva Sandhya bedeutet »göttliche Morgen- und Abendröte«. »Sandhya« ist die Zeit zwischen den Welten, bevor es

ganz hell bzw. ganz dunkel wird, die Dämmerung. Damals fand ich den Namen einfach nur wunderschön und poetisch. Heute kann ich den Bezug zu mir und meinem Wirken als Schamanin sehen: Als diese arbeite ich mit der sogenannten »Unsichtbaren Welt«, der Matrix hinter der sichtbaren Materie, der Seelenwelt.

Ich handelte dann, wie mir geheißen wurde: Ich ging in den nahegelegenen Park und meditierte dort bei Morgen- und Abendröte über meinen neuen Namen. Das tat ich dann auch für viele Tage, auf festliche Weise gekleidet in einem schönen Gewand, das lange blonde Haar ausgebürstet und offen. Ich genoss es und nahm entspannt die schöne Natur im Park wahr. Ich durfte einfach in der Schönheit des Lebens und des Seins verweilen, ohne etwas *tun* zu müssen.[4]

Fühlte ich mit meinem neuen Namen anders? Ja, befreit. Bewegte ich mich anders? Ja, lockerer. Handelte ich anders? Ja, bewusster. Es hatte definitiv einen Einfluss auf mein Sein. Wenn ich neue Menschen kennenlernte, stellte ich mich mit

4 Ich lernte dabei auch meinen zukünftigen Freund kennen. Er hatte mich beim Meditieren beobachtet und sprach mich daraufhin an. Als dann die Zeit im Ashram vorüber war, reisten wir gemeinsam weiter durch Asien.

Sandhya vor, und es war schön. Trotzdem nutzte ich diesen Namen nur für ein oder zwei Jahre. Irgendwann passte der Name nicht mehr, ich fühlte, dass ich auch nicht wirklich Sandhya war. Es war eine Etappe, wenngleich eine schöne und lehrreiche, auf meiner Lebensreise.

In Nordamerika

Mit Mitte 20 fand ich meinen eigentlichen Seelennamen, meinen Medizinnamen. Er begleitet mich bis heute. Und ich fühle, er wird bleiben, auch wenn er sich noch einmal wandeln mag (siehe »Sich wandelnde Namen« auf Seite 92). Mein Medizinname drückt meinen Seelenkern, meine Essenz aus. Für meine Umgebung bin ich Lisa. Das hat Gründe, auf die ich später eingehen werde.

Ich war nicht auf der Suche nach meinem spirituellen Namen, als mir das Thema wieder begegnete. Einer meiner schamanischen Lehrer verkündete nach einer Ausbildung im Bereich »schamanische Heilarbeit« mir und den anderen Teilnehmern, wir seien jetzt bereit für unseren Medizinnamen. Mein Lehrer erklärte, dass es diese Tradition in den indigenen Stämmen Amerikas gebe. Ich wurde ganz aufgeregt, weil ich ahnte, dass etwas für mein Leben wirklich Bedeutsames passieren würde. Ich musste an Namen wie *Tanzender Wolf* oder *Großer Roter Adler* denken.

Unser Medizinname zeigt uns unser wahres Selbst,
unsere verborgene, magische Natur
und unsere Lebensaufgabe,
unsere »Medizin«.

Um seinen Medizinnamen zu finden, sollte jeder von uns allein auf eine sogenannte Medizinwanderung gehen. Diese Übung hatte ich bereits früher kennengelernt und schon ein paar Mal durchgeführt. Vom Morgengrauen bis zur Abenddämmerung allein durch die Natur gehen, auch abseits der Pfade … Sich treiben lassen … Fasten … Der Name werde durch den Spiegel der Natur von selbst in uns entstehen, erklärte der Lehrer.

Wie anders war die Situation der Namensfindung als damals in Asien. Nun würde ich meinen spirituellen Namen selbst finden. Auf dem schamanischen Weg gehst du allein durch dein Leben. Dabei begleiten dich Weggefährten, es gibt jedoch keinen Guru, der dir erklärt, wie du heißt oder wie dein Lebensweg auszusehen habe (wenngleich ich vor vielen Gurus und deren Lehren tiefen Respekt habe). Deinen Weg musst und darfst du selbst finden. Gerade das ist das Abenteuer Leben, gerade das bedeutet es, eine Heldin, ein Held zu sein.

Dein Medizinname ist verbunden mit
der Natur und in sie eingebettet,
denn du bist ein Teil davon.

Der Lebensweg eines jeden Menschen ist einmalig, keiner geht ihn genau so wie du – weder vor dir noch nach dir. Jeder Mensch hat einzigartige Begabungen und Talente. So ist es gedacht, denn genauso vielfältig ist auch die übrige Natur auf diesem wunderschönen Planeten: Es gibt unzählige Arten von Pflanzen und Tieren in allen Farben – von zarten, bunten Schmetterlingen über blaue oder sogar rosa Delfine bis hin zu langgestreckten, gelb und braun gemusterten Giraffen oder von gigantischen grünen und braunen Mammutbäumen über hellrosa blühende Kirschbäume bis hin zu kunterbunten Tulpen –, insgesamt an die 8,7 Millionen Arten von Lebewesen.

Das Mysterium des Lebens und der Namen

Es ist ein Mysterium, dass es das alles gibt: uns, die Erde und das Universum. Im Schamanismus nennt man dieses Mysterium das Große Geheimnis, weil es keiner jemals begreifen wird, woher wir kommen und wohin wir eines Tages wieder zurückkehren werden. Dieses Nichtverstehenkönnen macht demütig und bescheiden, denn wir fühlen, dass wir ein kleiner Teil in einem großen Ganzen sind. Zugleich nimmt es uns die Last von den Schultern, alles wissen und verstehen zu müssen.

Über das Leben

Denke an einen hellen Sommertag: Du liegst im Gras und riechst den Duft der Blumen um dich herum. Mutter Erde schenkt uns einen wunderschönen Platz zum Leben sowie Nahrung und Kleidung. Du genießt das Licht und spürst die Wärme auf deiner Haut: Ohne Vater Sonne würde Mutter Erde einfrieren. Er wärmt sie mit seiner Energie und Kraft, lässt sie erblühen und alles auf ihr gedeihen.

Oder denke an eine klare Nacht: Du siehst durch dein Fenster eine leuchtende Scheibe strahlen. Großmutter Mond zeigt uns den unentwegten Wandel zwischen Dunkelheit und Licht. Sie bringt uns die Gezeiten und lässt uns begreifen, dass alles bestimmte Zyklen durchläuft, ständig im Wandel ist. Und du nimmst, insbesondere bei Neumond, am Himmel milliardenfaches Gefunkel in endloser Weite wahr:

Großvater Sterne und das Sternenvolk, die uns daran erinnern, dass wir im Universum nicht allein sind.

Wir alle sind mit diesem Wunder des Lebens verbunden. Wir sind ein Teil der Schöpfung, jedoch nicht ihre Krone. Alle Wesen der vier schamanischen Reiche – die Steine und Mineralien, die Pflanzen, die Tiere und die Menschen – sind unsere Verwandten.

Das Reich der Steine und Mineralien ist das Knochengerüst der Erde. Sie sind die Ältesten und tragen viel Wissen und Weisheit in sich. Kristalle absorbieren und speichern die Energie der Sonne, die kosmische Lebensenergie und das Licht, und strahlen sie über die ganze Erde hinweg wieder ab, verteilen sie. Steine sind sehr wichtig für die Gesundheit und Stärke der Erde und Menschen und können auch zur Heilung genutzt werden.

Gräser und Blumen, Gemüse und Obst, Büsche und Bäume: Das Reich der Pflanzen zeigt uns, dass jede Pflanze aus dem Samen einer Pflanze entsteht, die vor ihr gelebt hat. Wir werden genährt, und so wächst in uns das Urvertrauen. Auch die Pflanzen heilen uns.

In das Reich der Tiere gehören jene, die kriechen oder krabbeln und so das Erdreich transformieren, jene, die im Wasser schwimmen, die Vierbeiner, jene, die fliegen, und auch die Fabelwesen wie Drachen und Einhörner. Die Tiere sind in der Schöpfung die Wesen, die uns am nächsten verwandt sind. Sie zeigen uns instinktsicheres, klares Handeln.

Das Reich der Menschen wird von »roten«, »gelben«, »schwarzen« und »weißen« und »Regenbogenmenschen« bevölkert. Unabhängig von der Hautfarbe hat das Blut in den Adern immer dieselbe Farbe. Mit der Kraft der Sprache und der Kraft des Verstandes sind wir Menschen dazu in der Lage, unsere Visionen umzusetzen und im Sinne und zum Wohle der gesamten Schöpfung zu handeln. Wir können uns bewusst für das Positive entscheiden.

Ja, wir Menschen sind Teil der Natur, von Mutter Erde. Wie unser Körper von Blutbahnen durchzogen ist und Organe und Zellen hat, so sind die Flüsse die Blutbahnen der Erde, die Mineralansammlungen ihre Organe und die Menschen und Lebewesen, die sie bewohnen, ihre Zellen. Wenn wir uns als Teil der Natur verstehen, wir diese Verbindung auch fühlen und im Rhythmus der Erde leben, fließt auch unser Leben im Einklang mit der Schöpfung. Das zu erleben, ist überall auf unserem wunderbaren Planeten möglich.

Namensgebung der Naturvölker

Die Namen jener, die indigenen Kulturen angehören, sind eng mit der Natur verknüpft. Das vermittelt jedem von Kindesbeinen an ein starkes Gefühl, von ihr ein Teil zu sein. Benennungsmotive können ganz verschieden Aspekte der Natur sein, etwa eine Pflanze, ein Tier oder ein Naturereignis. Im kalifornischen Indianerstamm der Miwok wird der Name eines Neugeborenen danach ausgewählt, was am Geburtstag des Kindes in der Natur geschieht bzw. beobachtet wird. So bedeutet etwa *Elsu* »Falke fliegt« und *Huyana* »Regen fällt«. Ähnlich verhält es sich bei den Aborigines Australiens: Beispielsweise bedeutet *Bindi* »Schmetterling« und *Jarli* »Eule«.

Oft werden bei den Naturvölkern bereits vor der Geburt des Kindes dessen Begabungen und Eigenschaften durch den Medizinmann oder die Medizinfrau[5] des Stammes durch schamanische Rituale in Erfahrung gebracht. Beim Stamm der Dagara in Westafrika »fragt« der Schamane im Trancezustand das noch ungeborene Kind nach etwa sechs Monaten im Mutterleib, was dessen Absichten im Leben sein werden. Der Stamm wird anschließend über die »Antworten« informiert, damit die gesamte Gemeinde hinsichtlich der Entwicklung und Ausbildung des Kindes zusammenarbeiten und somit sicherstellen kann, dass sein Potenzial voll zur Entfaltung kommen wird.

---

5 Wie du dir inzwischen vielleicht schon denken kannst, sind das im ursprünglichen Sinne keine Ärzte, sondern eben die Berater und Begleiter für den Umgang mit der »Medizin«.

Die vergebenen Namen können auch Hinweise auf das Naturell des Trägers sein – und für diesen Ansporn, sich zu entwickeln und zu heilen. *Dancing Wind* etwa klingt wunderschön, aber die amerikanischen Ureinwohner wissen, dass »tanzender Wind« ein Bild für den Tornado ist. Dieser Name warnt also vor einer stark aufbrausenden Wesensart. Zugleich dient er als Anreiz für *Dancing Wind* selbst, sich zu verändern und sich so einen neuen Namen zu erarbeiten.[6] Ein weiteres Beispiel: *Bär* ist in Nordamerika ein gängiger Name wie z. B. *Johannes* im deutschen Sprachraum. Heißt ein Stammesmitglied *Verletzter Bär,* so weiß die Gemeinschaft, dass diese Person leidet und besondere Fürsorge und Pflege benötigt.

Bei den Indianern gibt es neben den individuellen Namen noch den Namen des Clans (z. B. *Leichte Schildkröte*), der klar anzeigt, zu welcher Familie der Einzelne gehört.[7] Häufig sind Vertreter der Tier- oder der Pflanzenwelt Teil des Clannamens. An diesen wird häufig noch das Wort in der jeweiligen indigenen Sprache für »Menschen« oder »wir/uns« gehängt. Das bringt zum Ausdruck, dass das Verständnis der Naturvölker von »Familie« über die Blutsverwandtschaft hinaus-

6 In indigenen Kulturen ist die Veränderung eines Namens möglich. Später mehr dazu unter »Sich wandelnde Namen« auf Seite 92.

7 Die Geschichte einer jeden Familie wird von einer Generation zur nächsten weitergegeben, mit allen Details über gute Taten, wichtige Ereignisse und erfahrene Ehrungen. Der sogenannte Totempfahl dient als Stammbaum und Chronik: Die Familiengeschichte ist darin eingeschnitzt und darauf aufgemalt. Er wird aus einem Baumstamm hergestellt und mit verschiedenen Darstellungen von Natur- und Spiritwesen versehen, zu denen die Familie und ihre Mitglieder in besonderer Verbindung stehen.

geht, die gesamte Menschheit mit einschließt und sogar die Tier- und Pflanzenwelt als Verwandte ansieht.

In Hawaii findet sich ein ähnliches Konzept von Familie, es heißt dort *'Ohana*. Darunter zählen sowohl direkte Blutsverwandte als auch adoptierte und erwählte Personen.

Schließlich gibt es bei den Naturvölkern noch den Medizinnamen: den spirituellen und wohl für den Einzelnen wichtigsten Namen. Er bringt dessen »Medizin« zum Ausdruck, seinen Sinn im Leben, seine ureigenen Qualitäten. *Adlerauge* etwa zeigt die klarsichtige Wahrnehmung des Namensträgers an, seine Fähigkeit, eine Verbindung zwischen Himmel und Erde sowie zur Geistigen Welt herzustellen (und mit ihren Kräften zu arbeiten). *Joyous Butterfly* bezeichnet einen Menschen, der durch seine Arbeit Freude in sein Leben und das seiner Umgebung bringt.

Die Energie von Namen

Namen sind Energieträger. Sie dienen nicht nur dazu, den einen vom anderen zu unterscheiden, sondern jeder Name hat auch seine eigene Qualität. Wer seinen Namen ändert, wird damit Veränderungen in seiner Außenwahrnehmung und in seiner Identität bewirken. Ein klassisches Beispiel hierzulande ist die Änderung des Familiennamens durch Heirat oder Scheidung.

Das Gleiche geschieht, wenn man seinen spirituellen Namen, den Medizinnamen findet: Er wirkt auf das eigene Leben ein. Alle vier Ebenen des menschlichen Seins werden beeinflusst, können sogar Heilung erfahren: die körperliche, die emotionale, die geistig-mentale und die spirituelle.

Der Medizinname erinnert uns daran,
dass jeder Mensch eine Seele hat,
einen heiligen, spirituellen Kern.

Unser Medizinname birgt, was in uns steckt, und lässt uns eine Verbindung zu uns selbst finden. Er erhält dadurch eine persönliche und heilige Bedeutung. Jeder Mensch hat einen eigenen Medizinnamen, er trägt ihn tief in der Seele. *Leuchtender Mond, Rainbow Schmetterling, Jumping Dolphin* – das sind nur ein paar Beispiele, wie dein Medizinname lauten könnte. Er entsteht aus dir selbst heraus.

Mit deinem Medizinnamen entdeckst du dein »anderes Ich«, auch »magisches Selbst« genannt. Er erinnert dich an deine Aufgabe im Leben und an deine »Medizin«, deine einzigartigen Talente und Gaben zum Wohle der Welt. Wenn du deinen Medizinnamen gefunden hast, kannst du dein Potenzial freisetzen und in deine ganze Kraft gelangen. Du heilst dadurch dich selbst – und auch die Welt.

Es ist befreiend und erfüllend,
es macht ehrfürchtig und glücklich,
die eigene tiefe Verbindung
mit dem großen Ganzen zu erkennen.

Spirituelle Namen finden sich auch in nichtindigenen Kulturen. Jüdische Menschen tragen häufig zusätzlich zu dem Namen, unter dem sie bekannt sind, einen spirituellen hebräischen Namen aus der Tradition der Kabbala. In der katholischen Tradition können Jugendliche im Rahmen der Firmung den Namen eines Heiligen auswählen, dessen Kräfte ihn im Leben als Erwachsener begleiten mögen. Überhaupt erhalten überall auf der Welt Kinder von ihren Eltern bewusst Namen von Heiligen oder Erleuchteten als Erst- oder Zweitnamen, um ihnen Segen und Inspiration mitzugeben, z. B. Maria/Marie, Elias, Jesus oder Mohammed.

Das Finden

Im Schamanismus gibt es unterschiedliche Wege, seinen Medizinnamen zu finden. Ich beschreibe dir in der Folge die wichtigsten Methoden und wie du sie anwendest. Meine Empfehlung: Lies dir in Ruhe alle Methoden durch, und entscheide anschließend, welche davon der für dich am besten passende Weg ist.

Generell gelingt die Suche nach dem Medizinnamen. Es kann sein, dass du ihn nicht beim ersten Versuch findest. Falls du ihn also auf dem von dir gewählten Weg (zunächst)

nicht erspürst, macht das nichts. Es war dann eine Etappe deiner Suche. Probiere dann einfach ein paar Tage später entweder die gleiche Methode noch einmal aus oder eine der anderen. Natürlich kannst du gern unterstützend meine CD »Dein Medizinname. Entdecke dein verborgenes magisches Selbst« (erschienen im Schirner Verlag) verwenden. Diese bietet dir eine Folge von geführten Meditationen zur Findung deines Medizinnamens.

Außerdem hast du noch die Möglichkeit, in der Natur einen sogenannten Kraftgegenstand zu suchen. Das kann z. B. ein schöner Stein oder ein auffälliger Zweig sein. Diesen Gegenstand trägst du bei dir oder legst ihn vor dich hin, wenn du eine der Übungen für deinen Medizinnamen durchführst. Er wird deine Verbindung zur Unsichtbaren Welt stärken.

Anregung:

Führe ein Tagebuch während deiner Suche nach deinem Medizinnamen. Schreibe darin alles auf, was dich diesbezüglich beschäftigt oder bewegt: Gedanken, Wünsche, Befürchtungen, aufkommende oder sich wandelnde Ängste, Zweifel, Fragen, Erkenntnisse und vor allem deine Träume. Male auch Bilder, sei ganz kreativ! Deine Notizen und Bilder über deine Entwicklung und darüber, was passiert, werden dir neue Einsichten zu deiner Bestimmung bringen. Später einmal wirst du sehr gern und voller Staunen in deinem Tagebuch blättern.

Visionquest, Walkabout und andere Traditionen

Bei den Naturvölkern wird der Medizinname meistens durch eine Zeit der Suche, die Visionssuche, gefunden. Die Indianer nennen sie *Visionquest,* die Aborigines *Walkabout* »Umhergehen«. Sie kann von mehreren Tagen bis hin zu einigen Monaten dauern. Dafür ist es wichtig, zu verstehen, dass es im schamanischen Weltbild nichts Wichtigeres für einen Menschen gibt, als seinen Lebenssinn zu finden. Dieser findet im Medizinnamen seinen Ausdruck. Er zeigt, wie der Einzelne in seine irdische Umwelt eingebettet ist.

Du brauchst jedoch nicht für Tage oder Wochen auf die Suche zu gehen. Du kannst deinen Medizinnamen auch im Laufe eines Tages oder von ein paar Stunden finden, etwa im Rahmen einer Medizinwanderung (*Medicine Walk*). Hierfür geht man hinaus in die freie Natur, gern abseits der Pfade, allein. Man lässt den Alltag zurück, entschleunigt, fastet körperlich und geistig. Man begegnet sich selbst in dem, was man wahrnimmt, und reflektiert über Fragen des Lebens.

»Was will ich?«
»Wo stehe ich?«
»Woran glaube ich?«

Weiteres zur Medizinwanderung findest du unter der Übung »Finde deinen Medizinnamen mithilfe einer Medizinwanderung« auf Seite 43.

Irgendeine Form der Medizinwanderung gibt bzw. gab es in den meisten Kulturkreisen. Die Visionssuche ist im Prinzip eine Großform der Medizinwanderung. Sie ist die wohl markanteste Form, in der Natur zu sich selbst zu finden, seinen Medizinnamen und somit seine Lebensvision, seine Bestimmung zu entdecken. Sie ist eine sehr effektive und kraftvolle Übung.

Der *Walkabout* der Aborigines erstreckt sich über Wochen und Monate hinweg. Man betritt die Unsichtbare Welt (die Spirit- und Seelenwelt, die Matrix) und erlebt Wanderungen in der sogenannten Traumzeit. Die Traumzeit ist wichtiger und realer als der Wachzustand. »Am Anfang ist der Traum«, sagen die Aborigines. Der Traum erschafft alles: den Baum, den Partner, die Kinder. Er durchströmt alle Geschöpfe. Er ist die Energie hinter allem, was ist, und die Grundsubstanz der materiellen Welt. Die Kraft des Träumens vibriert direkt »hinter« der alltäglichen Welt, sie spiegelt sich in allen Dingen wider. Und so kann auch der Medizinname gefunden werden (der bei den Aborigines *Bushname* heißt, da er im australischen Busch erlangt wird).

Die Indianer Nordamerikas haben die Praxis, für das Finden der eigenen »Medizin« auf Visionssuche zu gehen, am stärksten lebendig erhalten – und das, obwohl die US-amerikanische Regierung den Indianern bis in die Mitte der 1970er-Jahre hinein die Ausübung der eigenen Zeremonien verbot. Insbesondere der Stamm der Lakota praktizierte sie im Geheimen weiter. Und seit den 1980er-Jahren haben viele indianische Älteste, darunter Sun Bear, Black Elk und John Fire Lame Deer, ihre Rituale auch an Nichtindianer weitergegeben.

Formen der Visionssuche, um den eigenen Seelenkern und Medizinnamen zu finden, gibt es auf aller Welt. Die Beschreibungen der Riten füllen ganze Bücherregale in Bibliotheken. Ob die Initianden für eine gewisse Zeit von der Gemeinschaft abgesondert werden, angefangen von drei, vier Tagen wie in Nord- und Südamerika und Indien, über mehrere Monate wie bei den Massai Ostafrikas, der Fianna im alten Irland sowie den Ureinwohnern Neuguineas, bis hin zu mehreren Jahren wie in Kambodscha, ob sie ohne Licht in Hütten eingeschlossen werden wie bei den Yabin oder den Bukauas, bei den islamischen Sufis oder in Nepal, in Hängematten unter einem Gerüst von Ästen aufgehängt werden wie bei den Chirigano- oder Mascusi-Indianern – immer geht es um die

Grenzüberschreitung, hinaus aus alten Konditionierungen, um zu seinem wahren Selbst zu finden.

Auch in Europa gab es Rituale, um die eigene Bestimmung und den spirituellen Namen zu erfahren. Im Laufe der Jahrhunderte, vor allem im Mittelalter während der Inquisition, wurden diese Traditionen verboten und gerieten später im Zuge der Industrialisierung fast völlig in Vergessenheit. In der »Edda«, einer Sammlung von altnordischen Geschichten und Liedern, die im 13. Jahrhundert auf Island niedergeschrieben wurde, erfährt man von einer besonderen Form der Visionssuche. Die Initiation fand an der Weltenesche Yggdrasil statt, einer heiligen gewaltigen immergrünen Esche, die in der Vorstellung unserer vorchristlichen Ahnen die Welt gliederte. Der Mythologie zufolge hing der Göttervater Odin neun Tage und Nächte lang in diesem Baum, allein und fastend, erlebte innere Reisen und erfuhr alle Weisheit.

Auch die Tatsache, dass fast alle Propheten – und natürlich auch Jesus – allein und fastend in die Einöde oder die Zurückgezogenheit gingen und dann ihre göttlichen Eingebungen erhielten, weisen darauf hin, dass die Praxis der Visionssuche schon sehr, sehr lange existiert. Sie wohnt uns Menschen inne, wir ersehnen uns immer wieder Rückanbindung zur Natur und zu uns selbst.

Visionssuche oder Medizinwanderung

Eine Visionssuche stellt eine große persönliche Herausforderung dar. Um dir klar zu werden, ob eine Visionssuche, um deinen Medizinnamen zu finden, für dich das Richtige ist, nimm wahr, ob es dich wirklich anzieht, fastend etliche Tage und Nächte alleine in der Natur zu verbringen. Ich empfehle dir ausdrücklich, eine Visionssuche nur unter Anleitung bzw. in Begleitung eines ausgebildeten Visionssucheleiters durchzuführen.[8] Es gibt auch im deutschen Sprachraum viele entsprechende Angebote und Seminare.

Beschäftige dich während deiner Vorbereitung mit Fragen wie: »Was erhoffe ich mir von einer Visionssuche für meinen Medizinnamen?«, »Gibt es einen Wendepunkt in meinem Leben, den ich gern mit dieser Visionssuche markieren möchte?«

Bei einer Medizinwanderung begibst du dich »nur« von Sonnenaufgang bis Sonnenuntergang oder für ein paar Stunden auf eine Wanderung in der Natur, allein und fastend. Der Weg kann dich abseits der vorhandenen Pfade führen, mitten hinein in die Natur.

---

8 Auch ich bin als Begleiterin für die Visionssuche ausgebildet und habe schon viele Menschen unterstützt, auf diesem Wege ihren Medizinnamen und ihre Lebensvision zu finden. Mehr zum Thema Lebensvision findest du in meinem Buch, Kartenset und meiner CD »Vision der Seele« (allesamt erschienen im Schirner Verlag).

Aufbruch. Wildnis.
Entschleunigung. Wahrnehmung.
Begegnungen. Selbstfindung.

Du fühlst den heilenden Herzschlag der Erde und nimmst die Naturwesen wahr, die dich zu besonderen Plätzen leiten und dir vielleicht auch etwas zuflüstern. Du liest im Buch der Natur, nimmst wahr, ob Steine, Pflanzen oder Tiere, auf die du triffst, dir etwas zu deinem Medizinnamen sagen wollen. Auf diese Weise erhältst du ihn – allerdings womöglich Schritt für Schritt.

Übrigens lassen sich Medizinwanderungen jederzeit und zu allen Themen, auch den alltäglichen, durchführen.

ÜBUNG:

Finde deinen Medizinnamen mithilfe einer Medizinwanderung

Begib dich also für deinen Medizinnamen in die freie Natur auf eine Medizinwanderung – ob von Sonnenauf- bis -untergang, ob einfach für ein paar Stunden, das entscheidest du. Nimm unbedingt genügend Wasser für diesen Zeitraum mit, also mindestens zwei bis drei Liter, um dich damit gut »durchzuspülen«. Verzichte während der Medizinwanderung auf Nahrung sowie auf dein Handy, ein Buch – einfach auf alles, womit du dich viel zu gern ablenken würdest.[9]

Stelle dich, bevor du hinaus- und losgehst, der Natur und der Welt der Spirits vor. Sage laut oder leise – so, wie es für dich am kraftvollsten ist – deinen weltlichen Namen. Und

---

9 Mehr Informationen über die Bedeutung des Fastens findest du in meinen beiden Büchern »Schamanisches Fasten« und »Schamanisches Fasten – Mein Begleiter« sowie auf meiner CD »Abnehmen schamanisch!« (allesamt erschienen im Schirner Verlag).

bitte darum, auf deiner Medizinwanderung deinen Medizinnamen zu erfahren sowie Impulse, ihn auch zu verstehen.

Dein Weg kann dich weg von den üblichen Wegen führen. Lasse dich frei treiben (achte dabei aber darauf, die Orientierung zu behalten), und wenn dir danach ist, halte inne, setze oder lege dich hin, und verhalte dich still. Deine innere Weisheit und Intuition werden dich leiten, wenn du den heiligen Raum von Mutter Erde, die Unsichtbare Welt, betrittst. Fühle den heilenden Herzschlag der Erde, nimm die Naturwesen und Tiere wahr, lasse dich von ihnen zu deinem Medizinnamen führen.

In der Natur kannst du sein,
wer und wie du wirklich bist.
Sie bringt dein wahres Selbst und
deinen Medizinnamen zum Vorschein.

Das Licht der Sonne schenkt dir Einsichten in dein Sein. Tiere und Spirits spiegeln dir dein Wesen, inspirieren dich und übertragen ihre Kräfte auf dich. Bäume und kleinere Pflanzen laden dich mit positiver Energie auf und verbinden dich mit allem, was ist. Und dein Medizinname entspringt dann unversehens dir selbst.

Und nach und nach wirst du den magischen Aspekt entdecken, der in deinem Medizinnamen enthalten ist. Du bist ein mystisches Wesen – verbunden mit dem Großen Geheimnis und dem Wunder des Lebens. Allein der Tatsache, dass es dich gibt, wohnt ein Zauber inne.

Bedanke dich am Ende der Medizinwanderung bei der Natur und den Wesen darin, z. B. indem du ihnen als Geschenk ein Lied vorsingst oder Kräuter und Obst zurücklässt.

Wisse: Du brauchst keinen Vermittler, um deinen Medizinnamen zu finden. Er liegt in deinem Inneren. Nur du allein kennst deinen Medizinnamen. Du selbst musst aus dir »schlau werden«, dein tiefstes Inneres sichtbar machen, dich akzeptieren, wie du bist, und mutig durch dein Leben gehen.

Du bist für dich,
deine Weiterentwicklung und
dein Glück verantwortlich.

Nimmst du diese Verantwortung an, dann wirst du zum Helden deines Lebens. Mithilfe deines Medizinnamens kannst du alle Grenzen überwinden und dorthin gehen, wohin es dich zieht – jenseits von Geschlecht, Aussehen, Alter, Beruf, Einkommen usw.

Das Leben ist ein Abenteuer. Im Endeffekt sind wir alle Reisende auf dieser Erde, Abenteurer – von der Geburt an bis zum Tod, dem größten Abenteuer überhaupt. Dein Medizinname lässt dich klar erkennen, welche Rolle du in der Schöpfung innehast. Bringe dich mit deinen einzigartigen Talenten ein, auf dass sie erblühen und dir dein Leben gut gelingen möge. Erfülle dir deine Träume und Visionen – zu deiner Freude und zum Wohle der Welt und des großen Ganzen.

Wie ich meinen Medizinnamen fand

Ich selbst fand zu meinem Medizinnamen bei einer Medizinwanderung. Auf diese hatte mich mein schamanischer Lehrer geschickt. Nachfolgend erfährst du meine Erlebnisse.

Lisa Rainbow

Voller Vorfreude und Neugierde bin ich, als ich frühmorgens in der Dämmerung mit meinem kleinen Tagesrucksack (darin nur genügend Wasser, eine Regenjacke und sonst nichts) allein durch den feuchten Nebel in den Wald stapfe. Über satten, grünen Waldboden und schimmerndes Moos, über Baumwurzeln, Pilze und Farne hinweg, dabei den Geruch von nasser Erde in der Nase. »Wie wird mein Medizinname wohl lauten?«, frage ich mich. Ich bin nervös – und zugleich abenteuerlustig und energiegeladen.

Jetzt in der Früh sind viele Tiere unterwegs, und ich sehe bald eine Gruppe Rehe. Sie sind auf der anderen Seite einer Lichtung. Ich bleibe stehen. Wir beobachten einander minutenlang. Ich fühle ihre Sanftheit, ihre Wachsamkeit. »Sei freundlich«, sagen sie zu mir, »sei präsent und achtsam für das, was in deinem Leben geschieht. Deine weibliche Sanftheit ist deine Kraft, deine Gabe.« Dann laufen sie in den Wald. Plötzlich sind sie weg. Ich muss plötzlich an Delfine denken, jene Wesen, mit denen ich so gern schwimme. Sie können genauso schnell in der Weite des Ozeans verschwinden.

Ich bin erfreut, das scheinen mir gute Botschaften für mich und mein Leben zu sein, aber ich frage mich: »Was ist mit meinem Medizinnamen?« Ich bekräftige nochmals laut die Absicht meiner Medizinwanderung, damit die Natur und ihre Wesen sie auch wirklich wahrnehmen: »Ich möchte bitte meinen Medizinnamen finden.« Etwas sonderbar komme ich mir schon vor, als ich diesen Satz sage, und zweifle kurz daran, ob es mir gelingen wird. Dann lasse ich diesen Gedanken los und gehe weiter.

Es zieht mich tiefer in den Wald, weg vom Weg. Ich steige langsam und vorsichtig über umgefallene Baumstümpfe … gehe über duftendes Laub … und setze mich bei einer kleinen Quelle auf einen Stein. Das Wasser sprudelt, und die Quelle spricht zu mir: »Lasse dein Leben fließen, unentwegt. Habe keine Angst, sei quicklebendig.« Daneben sehe ich Farn wachsen, und mir ist, als sehe ich darin klein Feen freudig

umherspringen. »Genieße dein Leben, habe Spaß!«, rufen sie mir zu.

Als hätte der Himmel die Ratschläge gehört, fängt es nun auch leicht zu nieseln an, obwohl weiterhin die Sonne scheint. »Sehr witzig«, denke ich. Ich hole meine Regenjacke aus dem Rucksack, ziehe sie an, und gehe weiter. Im Wald umfängt mich eine magische, mystische Stimmung: Goldene Sonnenstrahlen fallen durch die Bäume, und der leichte Nieselregen sieht darin aus wie Gold und Edelsteine, die vom Himmel fallen. Ich bin glücklich und genieße dieses wunderschöne Gefühl. Ich *bin* – und denke in diesem Augenblick nicht an meinen Medizinnamen.

Ich gelange auf eine Lichtung und sehe einen Regenbogen. »Die Brücke zwischen den Welten«, durchfährt es mich und ich fühle, dass ich einen Teil meines Medizinnamens gefunden habe: *Rainbow.* Ich bleibe stehen und erhalte Einsichten:

Da ich viel reise, schon seit meiner Kindheit mit meiner Familie, bin ich eine Brückenbauerin einer neuen Zeit, eine Brückenbauerin zwischen verschiedensten Kulturen – für eine Welt ohne Grenzen. Ich erkenne: Ich gehöre zu den »globalen Nomaden«, jenen Menschen, die lange in mehreren Ländern auf verschiedenen Kontinenten gelebt haben und dort viel gereist sind, die meistens mehrere Sprachen sprechen, die sich überall auf dem Planeten zu Hause fühlen. Auch bin ich eine Brückenbauerin zwischen dem Element Erde samt den Menschen und dem Element Wasser samt den Lebewesen darin, vor allem den Delfinen und Walen.

Dank des Regenbogens ist mir klar geworden, dass ich all dies wirklich auf die Erde bringen darf. Dass es mein Talent, meine »Medizin« ist, Menschen dafür zu öffnen, die Erde und das gesamte Universum als unser Zuhause zu sehen.

Während ich den Regenbogen betrachte, der mindestens eine Viertelstunde lang zu sehen ist, erinnere ich mich an eine Legende, die mir etwa ein halbes Jahr zuvor mein hawaiianischer Lehrer erzählte, als ich von ihm den hawaiianischen Huna-Schamanismus kennenlernen wollte.

Exkurs: Die Rückkehr des Regenbogens

Es gab – so heißt es in den alten Geschichten Hawaiis, das damals noch ein Teil Lemurias war und das wir deshalb auch »Mu« nennen – eine Zeit, in der das Leben auf der Erde das Paradies war. Die »Kinder Mus«, wie die Bewohner genannt wurden, waren so leicht und rein, dass sie auf dem Regenbogen laufen und tanzen konnten. Daher hießen sie auch »Kinder des Regenbogens«. Nichts lastete so schwer auf ihnen, dass es sie nach unten gezogen hätte. Es gab dafür keinen Grund.

Sie hatten alles im Überfluss: Nahrung in Form von Obst und Gemüse, Kleidung und Häuser, die sie aus Pflanzen herstellten. Und es gab die 'Ohana, *die Familie und die Freunde der Familie. Also verbrachten sie den Großteil ihrer Zeit damit, das Spiel des Lebens zu spielen: Spaß zu haben und offenen und liebenden Herzens miteinander alles zu teilen.*

Diese Zeit Lemurias lag vor der Zeit der bekannten Menschheitsgeschichte. Die Kinder Mus hatten eine direkte Verbindung zum Himmel – über den Regenbogen. Er war ihr ständiger Begleiter. Über ihn konnten sie ihre Vorfahren besuchen, er war ihre Brücke zwischen der physischen und der Unsichtbaren Welt, den anderen Dimensionen.

Dann, wie in allen Geschichten, geschah eines Tages etwas Ungewöhnliches. Einige der Kinder Mus fingen an, das Spiel »ernst zu nehmen«. Es war noch immer ein Spiel, aber plötzlich behaupteten einige, dass es Regeln gäbe. Es wäre es nicht mehr das »wahre« Spiel, wenn man diese nicht einhielte.

Jedes der »Kinder« hatte bestimmte Talente, die ihm vom Schöpfer mitgegeben worden waren, z. B. etwas herstellen, kochen, pflanzen, ernten, singen, zeichnen, ein Musikinstrument spielen, mit den göttlichen Gefilden sprechen. Als der Ernst in ihr Leben einkehrte, begannen sie aber zu glauben, dass sie allein die Ursache ihrer Handlungen wären. Sie vergaßen, dass es die Quelle war, die durch sie hindurchfloss, die sich durch sie ausdrückte. Und weil sie glaubten, dass ihre Talente allein von ihnen kämen, sagten sie, dass bestimmte Dinge genau so oder so und nicht anders getan werden müssten. Sie formulierten mehr und mehr Regeln.

Nach und nach vergaßen die Kinder Mus, miteinander zu teilen, und sie begannen, einander das Wissen und die Weisheit vorzuenthalten, die zum Wohle aller gebraucht wurden. Daraus erwuchsen die ersten Machtspiele.

Der Regenbogen verblasste allmählich. Die Kinder Mus waren nicht länger Kinder des Regenbogens, sie waren zu gewöhnlichen Leuten, zu Menschen, geworden. Sie führten mehr und mehr Machtspiele, denn nur wenn sie sich anderen überlegen fühlten, konnten sie sich noch kurzzeitig wohlfühlen. Sie hatten das schöne Gefühl verloren, das beim Teilen aus einem offenen Herzen, aus der Verbindung zum Schöpfer und aus dem Wissen, dass es für alle alles im Überfluss gibt, heraus entsteht.

In der Folge ersann die Menschheit ganz verschiedene Arten von Machtspielen: eine Zeit, in der die Frauen dachten, sie wären den Männern überlegen; eine Zeit, in der die Männer dachten, sie wären den Frauen überlegen; Religionen mit dem Anspruch auf die »einzig wahre Verbindung« zur Quelle; Standesdünkel und Rassendenken usw. Gleichwohl konnten sich die Menschen immer noch vage daran erinnern, wie es einmal gewesen war, Kinder des Regenbogens zu sein. Sie wollten durch ihre Machtspiele in diesen Zustand zurückfinden, doch waren Habgier, Niedertracht, Unterdrückung und Gewalt der falsche Weg.

In allen Zeiten gab es auch Menschen, die sich mit der Quelle verbinden konnten – die Quelle war und ist immer gegenwärtig. Sie lebten dadurch jedoch gefährlich. Diejenigen, die mit der Macht spielten und sie innehatten, fühlten sich von ihnen bedroht. Die Mächtigen waren wütend auf sie, neidisch – waren sie doch die Einzigen, die in der Lage waren, sich wohlzufühlen. Und so erfuhren im Verlauf der Geschichte diejenigen, die mit der Quelle und dem Regenbogen in Verbindung standen, oft Strafen oder sogar den Tod.

Die Legende besagt, dass es immer Menschen geben wird, die sich an die Verbindung erinnern können. Es hat über die Jahrtausende der Menschheitsgeschichte hinweg immer welche gegeben, die mit ihrem Wissen in den Untergrund gingen und es stillschweigend und vorsichtig weitergaben, damit es niemals verloren gehen würde.

Es ist geweissagt, dass die Kinder des Regenbogens zurückkehren werden, auf eine neue Weise: Es wird eine Zeit kommen, in der die Erinnerungen und das alte Wissen wieder an die Oberfläche steigen. Das Wissen liegt in uns allen geborgen, selbst in jenen, die Macht missbrauchen, und kann niemals verloren gehen. So viele Menschen werden sich erinnern, dass es nicht mehr gefährlich sein wird, ein Kind des Regenbogens zu sein.

Je mehr Menschen sich erinnern und sich wieder mit dem Regenbogen verbinden, desto einfacher wird es auch für die übrigen Menschen. Schließlich werden sich alle wieder erinnern – und dann wird die »Zeit des Regenbogens« zurück sein.

Den alten Prophezeiungen zufolge ist diese Zeit jetzt gekommen …

Ich stehe immer noch auf der Lichtung und betrachte den Regenbogen. Ich weiß jetzt: Ich bin ein Kind des Regenbogens. Deshalb habe ich diese Geschichte von Anfang an so geliebt – damals waren mir freudige Schauer über meinen Rücken gelaufen, als mein schamanischer Lehrer sie erzählte. Ich darf mit meiner »Medizin« helfen, das alte Wissen wieder an die Oberfläche zu bringen.

Nicht nur die eben erzählte lemurische Legende spricht von dieser Zeit der Rückkehr, sondern viele alte Kulturen auf der ganzen Welt kennen ähnliche Geschichten: die Hopi, die Maya, die Ägypter, die Griechen. Und in allen heißt es, dass jetzt die Zeit gekommen ist.

In der Wissenschaft kennt man den Begriff der »kritischen Masse« für eine evolutionäre Veränderung: Wenn ausreichend viele Mitglieder einer Spezies – ob Tier, ob Pflanze – ein neues Verhalten oder Wachstumsmuster angenommen haben, dann wird es sich auf alle anderen Mitglieder der Spezies übertragen.

»Wie schön wäre es«, denke ich bei mir, »wenn die Menschen keine Angst mehr voreinander haben müssten. Dann gäbe es keine Manipulation mehr. Kein Glaubenssystem, kein Guru würde einem mehr sagen, wie man zu leben hätte, wenn man glücklich werden will. Niemand würde mehr glauben oder behaupten, dass es besser und weiser sei, ständig angespannt und ernst zu sein – dass Spaß und Lebensfreude kindisch seien. Man dürfte sich trauen, wirklich glücklich zu sein, weil es tatsächlich möglich wäre.«

All das geht mir durch Geist und Seele, während ich den Regenbogen betrachte. Die Natur hat zu mir gesprochen – so kann es einem auf einer Medizinwanderung, um seinen Medizinnamen zu erfahren, ergehen. Ich fühle ganz tief in meinem Inneren: Es ist wahr. Ich empfinde große Dankbarkeit, dass ich eine Antwort erhalten habe.

»Ist *Rainbow* nun mein Medizinname?« Während ich mich das frage, verblasst der Regenbogen. Ich bekomme das Gefühl, dass *Rainbow (Regenbogen)* einen Teil meines Medizinnamens ausmacht, dass aber noch etwas hinzukommen möchte.

Tiermedizin

Ich höre den durchdringenden Schrei eines Falken. Ich blicke hoch und sehe den wunderschönen Vogel ganz in meiner Nähe über mich hinweg und auf der anderen Seite der Lichtung in den Wald hineinfliegen. Ich folge ihm – über die Wiese und durch den Wald. Ein paar Minuten später entdecke ich ihn: Er sitzt auf einem Zweig nahe dem Boden. Ich halte Abstand, betrachte ihn, will ihn nicht verängstigen. Er nimmt mich wahr, fliegt aber nicht weg. Mit geneigtem Kopf sitzt er da, ab und zu bewegt er seinen Kopf.

»Komm her«, sagt er zu mir. Langsam gehe ich auf ihn zu. Ich setze mich unweit des Baumes hin und blicke zu ihm hoch. Er sieht zu mir herunter und scheint kein bisschen nervös zu sein. Das ist schon erstaunlich.

Ich erinnere mich, dass mir mein schamanischer Lehrer vor einiger Zeit sagte, dass Tiere es fühlten, wenn Menschen

sich auf einer anderen Schwingungsebene als der alltäglichen bewegten, etwa wenn man wie ein Betender auf einer heiligen Wanderung durch die Natur gehe, um die Quelle um Rat zu bitten. Dass sie dann zutraulicher als sonst seien, weil sie spürten, dass man sich mit ihnen und der Schöpfung verbunden fühle.[10]

Was sich als Nächstes ereignet, erscheint mir im Nachhinein fast unwirklich, und doch ist es so geschehen: Während ich dasitze und den Falken beobachte, kommt plötzlich ein zweiter angeflogen und setzt sich neben ihn. Nun sehen beide mich an und sprechen zu mir. Ich erlebe ein sogenanntes Teaching, mir wird Wissen zuteil. Ich sei auf dem richtigen Weg, es sei mir bestimmt, meine Gabe zu leben. Und sie überbringen mir einen weiteren Teil meines Medizinnamens.

Ich darf dir an dieser Stelle nicht verraten, wie mein vollständiger Medizinname lautet. Der Teil meines Medizinnamens, den ich der Welt mitteilen darf und sogar soll, ist *Rainbow*. Er ist der Teil meiner »Medizin«, der im Außen strahlt und wirkt. Den anderen, inneren Teil meines Medizinnamens, meine persönliche Kraftquelle, darf ich nicht nennen. Es ist sehr verschieden, ob man seinen Medizinnamen oder einen

10 Ich kann das nur bestätigen, ich habe diese Erfahrung wiederholt gemacht. Einmal führte ich in einem Wald mit einigen Seminarteilnehmern eine Sommersonnenwende-Zeremonie durch, als sich uns eine Hirschkuh mit ihrem Jungen näherte. Die ganze Zeremonie über hielten sie sich in nur wenigen Metern Entfernung von uns auf. Sobald jedoch die Zeremonie vorbei war, benahm sich die Hirschkuh wieder so, wie es Wildtiere – insbesondere welche mit Nachwuchs – normalerweise tun: Sie lief davon.

Teil davon anderen erzählen darf (mehr darüber im Kapitel »Dein anderes Ich, dein magisches Selbst« auf Seite 84).

Der Medizinname ist ein wertvolles Geschenk:
Er verleiht einem Kraft für das ganze Leben.

Deshalb sollte er mit Achtsamkeit verwendet werden. Er schenkt einem die Energie, sein wahres Ich zu leben, er verrät, welche Heilungs- und Seeleneigenschaften man hat. Der Medizinname – auch Seelenname oder Spirit-Name genannt – ist eine Art Zauberwort: Es kann einem Kraft geben, ihn anderen zu sagen, es kann einem aber auch Kraft nehmen, ihn weiterzugeben. Letztlich muss jeder für sich selbst entscheiden, ob und wem man seinen Medizinnamen mitteilen möchte. (Die Übung »Deinen Medizinnamen verstehen« auf Seite 87 wird dir bei deiner Entscheidung helfen.)

Dankbar sitze ich da, lausche dem, was mir die Falken noch zu sagen haben. Sie greifen dabei auch das Wort *Rainbow* in meinem Medizinnamen auf:

»Erinnere die Menschen daran, dass das Blut in den Adern eines jeden Menschen unabhängig von der Hautfarbe dieselbe Farbe hat: Rot. Alle sehnen sich danach und haben gleichsam ein Recht darauf, auf unser aller Zuhause, der Erde, ein Leben in Würde, Gleichheit und Glück zu führen.«

Bei diesen Worten denke ich einmal mehr an Hawaii, diese besondere Inselkette mit ihrem Potpourri aus Einheimischen, Einwanderern und deren gemeinsamen Nachkommen. Sie alle leben im Aloha-Spirit friedlich zusammen. Das genieße ich in Hawaii, diese Offenheit.

Die Falken sprechen weiter: »Die Erde ist für alle Lebewesen da, aber sie gehört weder den Menschen noch den Tieren. Niemand, keine Nation ›besitzt‹ die Erde oder Teile von ihr, sie ist unser aller Mutter.

Hilf anderen Menschen – kraft der ›Medizin‹ des Regenbogens und der ›Medizin‹ der Greifvögel, die ganz weit oben am Himmel fliegen können –, ihre Grenzen zu überwinden und das Licht, die Freude und die Liebe zu leben. Schwinge dich wie wir Falken in die Lüfte empor, und betrachte die Welt und dein Leben von einer höheren Perspektive aus. Fliege mit uns, und regeneriere dich auf diese Weise, wenn dich die Schwere der menschlichen Existenz einmal zu sehr ›nach unten zieht‹.«

Dann schweigen die Falken. Leise singe ich ihnen ein Lied vor, das ich vor einiger Zeit bei einem schamanischen Ritual kennenlernte:

Fliege wie der Adler,
der so hoch fliegt und
durch das Universum kreist –
mit Flügeln aus reinem Licht,
mit Flügeln aus reiner Liebe.

Während ich singe, steigen die beiden Falken auf und fliegen davon. Ich weiß, ich habe meinen Medizinnamen erhalten. Lange noch bleibe ich sitzen. Nun ist es still in mir und um mich herum. Es kommen keine weiteren Einsichten oder Gedanken, ich bin einfach nur von Dank erfüllt. Schließlich singe ich für die Natur, für Mutter Erde noch ein anderes Lied und gehe zurück in mein Leben.

Krafttiere

Häufig sind Medizinnamen mit dem Reich der Tiere verbunden. Unabhängig davon können Tiere dir mit ihrer »Medizin«, also mit ihren Qualitäten und Eigenschaften helfen. Es ist kein Zufall, welche Tiere dir bei einer Medizinwanderung – oder auch sonst im Leben – begegnen. Tiere sind Boten. Sie geben dir Zeichen und machen dich kraft ihrer Eigenschaften auf Lösungswege aufmerksam. Sie stärken die instinktiven, elementaren Kräfte in dir, die jeder von uns in sich trägt.

Welche Tiere sind dir schon begegnet? Betrachte ihre Eigenschaften und Fähigkeiten ganz genau. Tiere haben immer eine Botschaft für dich. Du kannst viel von ihnen lernen. Das ist das Wesen der »Tiermedizin«, die auch Krafttieren zu eigen ist.

Jeder Mensch ist mit einem oder mehreren Krafttieren (auch Spirits genannt) verbunden. Sie sind unsichtbare gute Freunde und immer an deiner Seite. Sie sind ein Teil von dir und verlassen dich nie. Krafttier kann ein jedes Tier sein, sei es klein oder groß. Der Schmetterling etwa ist winzig, aber er birgt in sich die wichtige »Tiermedizin« der Leichtigkeit und der Nähe zur Unsichtbaren Welt.

Wichtig ist, dass du in engem Kontakt zu deinem Krafttier stehst und frei mit ihm sprichst. Jederzeit, insbesondere wenn du dich in einer schwierigen Situation befindest oder dich schwach und ängstlich fühlst, kannst du dein Krafttier rufen. Es wird sofort kommen, um dir beizustehen, dich zu stärken, dich zu schützen.

ÜBUNG:

Du kannst dein Krafttier auch darum bitten,
dir deinen Medizinnamen zu bringen.

Finde deinen Medizinnamen durch dein Krafttier

Setze oder lege dich ruhig hin, und schließe deine Augen. Atme tief ein und aus. Nenne deinen Namen, um dich der Unsichtbaren Welt vorzustellen. Bitte darum, deinem Krafttier zu begegnen. Sei frei von Erwartungen oder festen Vorstellungen, welches Tier zu dir kommen wird. Womöglich ist es sogar ein Fabeltier, etwa ein Pegasus oder ein Drache. Bei späteren Übungen und Ritualen mit deinem Krafttier kann dir immer wieder einmal ein neues Krafttier begegnen. Es können auch mehrere sein.

Vielleicht siehst du dein Krafttier, vielleicht du spürst es. Nimm wahr, ob es länger bei dir verweilt und ob es sich dir als dein Krafttier zu erkennen gibt. Frage es, ob es dein Krafttier ist. Bitte es dann um sein Geschenk, seine Botschaften für dich. Und stelle ihm alle Fragen, die du ihm stellen möchtest.

Bitte nun dein Krafttier, dir deinen Medizinnamen zu sagen, zu zeigen oder dich zu ihm zu führen. Erkläre deinem Krafttier außerdem, dass du mithilfe deines Medizinnamens dein anderes Ich, dein magisches Selbst finden möchtest: deine Lebensaufgabe.

Was ist deine Medizin? Wer bist du wirklich?
Warum bist du jetzt und hier auf diesem Planeten?

Beobachte, erlebe. Vielleicht wird dir dein Krafttier deinen Medizinnamen direkt sagen, zeigen oder sogar aufschreiben. Vielleicht erfährst du ihn Stück für Stück während deiner Trancereise. Sei immer offen für Überraschungen, lasse geschehen, was geschehen möchte. Womöglich nennt dir dein Krafttier eine Aufgabe, die du nach dieser Trancereise erfüllen musst, um deinen Medizinnamen zu finden, z. B. an einen bestimmten Ort zu reisen. Wenn dir etwas unklar ist, bitte dein Krafttier um Erläuterungen, damit du verstehen kannst.

Frage dein Krafttier nun auch, ob du etwas für es tun kannst, ob es etwas von dir braucht. Genieße eure Begegnung noch ein paar weitere Atemzüge lang, um dich mit der Energie deines Krafttieres aufzuladen.

Bedanke dich dann bei deinem Krafttier, und verabschiede dich von ihm. Beende die Trancereise in deiner Zeit, komme wieder zurück, und öffne langsam deine Augen.

Anregungen:

Während einer Trancereise kannst du jederzeit kurz deine Augen öffnen und in die Übungsanleitung schauen, um den nächsten Schritt noch einmal nachzulesen. Schließe danach einfach erneut die Augen, steige beim letzten Bild oder Gefühl deiner Trancereise wieder ein, und mache weiter. Es ist so, als würdest du beim Lesen eines Buches mit deinen Gedanken abschweifen und dann wieder zum zuletzt gelesenen Absatz zurückkehren, um weiterzulesen.
Es kann sehr hilfreich sein, sein Erden-Horoskopzeichen zu kennen, das ebenfalls durch ein Tier repräsentiert wird. Dieses kann Teil deines Medizinnamens sein oder dich dabei unterstützen, mehr über ihn und somit über dich zu erfahren und dich selbst besser zu verstehen (siehe Exkurs »Erden-Horoskopzeichen und der Medizinname« am Ende des Buches).

Exkurs: Schamanismus

Die Nähe zur Natur hatte mir immer gutgetan, das wurde mir auf meiner Suche nach dem tieferen Sinn meines Lebens bald bewusst. Wenn ich am Verzweifeln war, ging ich in die Natur – und ich entspannte mich, weil ich wieder einen Weg erkennen konnte. Wenn ich verwirrt war, ging ich in die Natur – und ich konnte wieder klar fühlen und denken. Alles wurde zurechtgerückt und klar, das Leben wieder einfach, schlicht und schön – so, wie es eben im Grunde genommen ist. Ich fühlte, dass sich in der Natur das »Mark des Lebens« befindet, und lernte später, dass es in der Tat so ist.

Es war nicht verwunderlich, dass ich im Zuge meiner Reisen und meiner Entwicklung irgendwann auf den Schamanismus stieß. Er findet sich überall auf der Welt, auf allen Kontinenten. Schamanische Praktiken haben sich aus den Gesetzmäßigkeiten der Natur heraus entwickelt und werden seit 45 000 Jahren mündlich überliefert. Sie sind die älteste Heilform der Menschheit. Schamanismus ist eine der frühesten Formen menschlicher Spiritualität, und alle indigenen Kulturen leben ihn noch immer.

Die Weltgesundheitsorganisation WHO erkannte 1980 offiziell an, dass die schamanischen Lebensweisen und Heilungsmethoden wirksam sind in der Unterstützung eines gesunden und ausgeglichenen Gesamtzustands des Menschen. Schamanische Übungen und Bräuche sind ein Weg hin zu dem, was sich jeder auf dieser Welt wünscht: Liebe, Gesundheit, Sinn-

stiftung, Freiheit und Glück im Hier und Jetzt. Zugleich sind sie ein Weg zu uns selbst, eingebettet in die Natur und das Universum. Im Schamanismus ist mit den richtigen »Werkzeugen« jeder dazu befähigt, mit der Quelle allen Seins zu kommunizieren. Es stärkt das Vertrauen in das Leben, dass alle Antworten in uns selbst liegen und dass wir alle mit allem verbunden sind.

Nachdem ich einige schamanische Techniken, darunter die Medizinwanderung, ausprobiert hatte, bemerkte ich sofort: Es funktioniert wirklich. Die Natur spricht, ein Stein oder ein Baum erzählt. Geistwesen sind seit Äonen da und warten nur darauf, um mit uns Menschen zu kommunizieren und uns zu helfen. Ich verstand endlich die Begegnungen mit Waldgeistern und Engeln in meiner Kindheit. Diese waren keine Einbildung einer »blühenden Fantasie« gewesen.

Schamanismus, das ist kein theoretisches Wissen, sondern praktische Anwendung. Ich erlebte hautnah, dass alles beseelt ist. Er setzte meinen Herzensweg – der zum Teil irrational war und nicht den Glaubenssätzen meiner Kindheit und Jugend entsprach – in einen Kontext, den ich verstehen konnte. Plötzlich ergab das, was ich tat und erlebte, in gewisser Weise rational erklärbar Sinn. Mein Weg wurde klar, ich erkannte nach einiger Zeit meine Lebensaufgaben. Ich hatte Spaß und Freude am Sein, meine Seele blühte auf. Und diese Resultate sind es, die mich bis zum heutigen Tag überzeugen.

Naturvölker beginnen schon früh im Leben mit Initiationszeremonien – und begleiten das ganze Leben mit zahlreichen weiteren Ritualen. Die dafür verwendeten Methoden lehren, die Energie hinter allem zu erkennen und zu fühlen: die Urkraft des Universums, die Matrix, die Unsichtbare Welt, Gott. Der Schamanismus betrachtet das sichtbare, physische Leben als eine Reflexion der Unsichtbaren Welt. Wir stehen mit ihr tagaus, tagein in einem wechselseitigen Austausch, etwa über unsere Träume. Wer sich mit dieser Energie verbindet, kann heilen – sich selbst, andere, die Welt. Wer seine Seele in Einklang bringt mit der Energie hinter allem, was ist, lebt auch im Hier und Jetzt in einem harmonischen und kraftvollen Zustand. Nichts ist so nährend und befriedigend wie das Gefühl, dem natürlichen Fluss des Lebens vertrauen zu können. Dann kann man seinen eigenen, einzigartigen Platz im Leben finden. Der Medizinname dient als Inspiration, sich gleichermaßen in der sichtbaren Alltagswelt wie in der Unsichtbaren Welt zu bewegen. Identität besteht darin, sowohl mit sich selbst als auch mit dem Großen Geheimnis, dem Wunder des Lebens, verbunden zu sein. Die Schöpfung ist magisch und mystisch, und wir Menschen sind ein Teil davon.

Trance durch Tanzen

Wenn du tanzt, hörst du auf zu denken. Wenn du tanzt, spürst du deinen Körper: Deine Muskeln sind in Aktion, dein Herz pumpt, du schwitzt. Wenn du tanzt, fühlst du, *bist* du. Und manchmal, wenn du tanzt, kommst du in Kontakt mit höheren Ebenen und wirst erfüllt vom Spirit des Lebens. (Dabei zu tönen oder zu singen, unterstützt diesen Prozess.) Dann wirst du getanzt, bewegst du dich in Trance. Deshalb wird in allen schamanischen Kulturen der Welt getanzt, es ist ein uraltes Ritual.

Ein Trancetanz kann stundenlang gehen oder sogar tagelang, wie etwa der »Sonnentanz« der nordamerikanischen Indianer. Er kann zu mehreren gemeinsam oder allein durchgeführt werden. Ziel des Tanzes sind Hinweise auf den eigenen Medizinnamen, die persönliche Lebensvision. Es geht um Wohlergehen und Heilung, um Liebe und Freude – des Einzelnen, der Gemeinschaft und der Erde.

Nimm dir für die folgende Übung ein bis zwei Stunden lang Zeit (oder gern auch länger).

ÜBUNG:

Finde deinen Medizinnamen durch Tanzen

Begib dich in einen Raum, in dem du dich ungestört bewegen kannst. Stelle dich aufrecht hin, und bitte laut sprechend darum, mit dem folgenden schamanischen Tanzritual deinen Medizinnamen zu finden. Das ist deine Absicht und Ausrichtung beim Tanzen. Es ist eine Art Gebet, das du tanzend in dir zum Leben erwecken willst. Rufe auch dein Krafttier und andere Helferwesen herbei, und bitte sie, dich beim Tanzen zu begleiten. Deinen Medizinnamen finden zu wollen, bedeutet auch, dich selbst zu feiern und zu bejahen, dich genau so zu akzeptieren und zu lieben, wie du bist.

Wähle lebendige Musik, die dir gut gefällt und in dir wirklich den Drang auslöst, wild zu tanzen, damit du dich selbst zelebrieren kannst, wenn dir danach ist. Drehe die Musik laut auf. Schließe deine Augen, wenn du das möchtest, und es dir beim Loslassen hilft, du kannst sie dir auch mit einem Tuch verbinden. Du kannst auch barfuß tanzen, um die Erde unter deinen Füßen besser zu spüren.

Beginne zu tanzen. Tanze, und nimm dabei wahr, wie du dich fühlst – in diesem Moment deines Lebens. Spüre dich, ohne deine Wahrnehmung zu bewerten. *Sei.* Bewege dich zur Musik, so lebendig, dass deine Energie, deine Körpersäfte ins Fließen kommen und du dich vital und kraftvoll fühlst.

Wer bist du wirklich?
Was in dir möchte sich noch zeigen?
Was ist deine Aufgabe?
Was ist dein einzigartiges Geschenk –
an diesen Planeten – und an dich selbst?
Was ist deine »Medizin«?

Beobachte, was in dir geschieht. Vielleicht erhältst du Bilder, vielleicht fühlst du etwas. Lasse es zu, wenn du den Eindruck bekommst, wie von selbst zu tanzen oder getanzt zu werden.

Tanzen ist eine der schnellsten und zugleich effektivsten Möglichkeiten, dich mit den elementaren Kräften sowie mit deiner Freude und Vitalität zu verbinden: Werde zum Wasser, das fließt, zum Feuer, das aufflammt, zur Luft, die vibriert, und zur Erde, die pulsiert. Bewege dich, lasse das Blut deine Adern durchströmen, lasse deinen Atem fließen. Fühle die Hitze, deinen Schweiß.

Und während du tanzt, kannst du die Elemente auch tönen. Töne, die aus dir emporsteigen, unterstützen dich in deinem Trancetanz. Sie müssen nicht schön klingen, auch keine spezielle Melodie bilden, sie dürfen sogar animalisch wirken. Es geht für dich einfach darum, deine Essenz zu fühlen und zum Ausdruck zu bringen.

Dein Tanzen muss auch keiner Choreografie folgen. Führe freie Bewegungen aus, manchmal rhythmisch, manchmal nicht. Du kannst auch jederzeit innehalten, wenn dir danach ist, dich sogar hinsetzen oder -legen, um dich auszuruhen, und dann wieder weitertanzen.

Vermutlich wird dein Medizinname plötzlich da sein. Vielleicht hörst, fühlst oder siehst du ihn innerlich. Möglicherweise erscheint dir bei deinem Trancetanz sogar dein Krafttier, ein Engel oder ein anderes Helferwesen, um ihn dir zu

sagen oder zu zeigen. Es kann auch sein, dass du deinen Medizinnamen Stück für Stück erfährst. Wenn dir etwas unklar ist, dann frage die Helferwesen, die dich begleiten, um Erklärungen zu erhalten.

Tanze so lange zur Musik, wie du Lust hast. Schalte schließlich die Musik aus, stelle dich ruhig hin, und bedanke dich bei der Geistigen Welt für ihre Führung. Spüre nach, in dich hinein. Nimm wahr, dass dein Körper noch vibriert, pulsiert, dass dein Herzschlag beschleunigt ist. Genieße dieses Gefühl der Lebendigkeit. Visualisiere schließlich, wie du erfolgreich mit deinem Medizinnamen in deinem Leben in Aktion trittst. Atme noch einige Male tief ein und aus, und komme dann bewusst in den Alltag zurück.

Trance durch Schreiben und Malen

Schreiben und Malen ist ein Tor zum Höheren Selbst. Es befreit und öffnet deinen Geist. Wenn du in Trance bzw. in einem tranceähnlichen Zustand malst und schreibst, stammt das, was du zu Papier bringst, von einem Ort außerhalb des alltäglichen Bewusstseins. Dann lässt du unmittelbar deine Seele, deine Essenz aus dir sprechen.

Vor allem brauchst du für das Schreiben und Malen Papier. Ich empfehle dir einen großen Block, damit du dich ganz auf das Kreativsein konzentrieren kannst und dir auf jeden Fall ausreichend viele Seiten zur Verfügung stehen. Natürlich benötigst du auch viele Stifte und/oder Malfarben. Begib dich mit alledem an einen ruhigen Ort, sei es zu Hause oder in der Natur, an dem du dich frei fühlst von jeglichen Einflüssen und wo du wirklich so sein kannst, wie du bist. Nimm dir für diese Übung etwa ein bis zwei Stunden lang Zeit.

ÜBUNG:

Finde deinen Medizinnamen durch Schreiben und Malen

Komme zur Ruhe, und lasse den Alltag los. Entspanne dich. Das ist für das Schreiben und Malen in Trance sehr wichtig, damit das, was du zu Papier bringst, von einer höheren Seinsebene kommt, aus deiner Seele. Führe daher zunächst eine kleine rituelle Handlung durch, die dir hilft, zu dir selbst zu finden und den Kopf frei zu bekommen: Entzünde z. B. eine Kerze, und betrachte für einige Momente ihre Flamme, atme ein paar Minuten lang tief ein und aus, oder lasse im Hintergrund meditative Musik spielen.

Nun schreibe auf deinen Papierblock: »Ich möchte meinen Medizinnamen finden.« Nimm wahr, was passiert, lasse den Fluss von Texten und Bildern zu. Und sobald es sich für dich richtig anfühlt, beginne. Schreibe oder male genau so, wie dir danach ist. Du kannst auch abwechselnd schreiben und malen. Mache dir keine Gedanken darüber, wenn für dich Wörter oder Bildelemente keinen Sinn ergeben oder wenn du dem Informationsfluss, der dich durchfließt, nicht folgen oder ihn nicht verstehen kannst. Schreibe ruhig in verschiedenen Sprachen, oder verwende unterschiedliche Maltechniken.

Manchmal möchte anfangs einfach vieles aus deinem Inneren losgelassen werden, sodass du womöglich mehrere Seite Papier beschreiben und bemalen wirst, bist du zum Kern deiner Seele gelangst. Wenn dein Verstand sich einschalten und analysieren möchte, was du schreibst und malst, lasse deine Gedanken weiterziehen. Sage ihnen, dass du dich gern später um sie kümmerst. Oder atme ein paar Mal tief ein und aus, und lasse mit jedem Ausatmen einen deiner Gedanken davontreiben.

Du kannst dir sicher sein, dass deine Texte und Bilder wahrhaftig aus deiner Seele stammen und von Klarheit und Weisheit geprägt sind, wenn dich ein Gefühl von innerer Weite und Leichtigkeit überkommt. Dann befindest du dich in einen Zustand des Nichtdenkens, in dem du vollkommen ruhig, präsent, in Frieden und glücklich bist.

Nach einer Weile wirst du Hinweise auf deinen Medizinnamen, auf seine Energie wahrnehmen. Möglicherweise findest du einen oder mehrere Begriffe, die mit deinem Medizinnamen zusammenhängen oder ihn konkret benennen, auf dem Papier. Oder du hast ihn in Farben und Formen ausgedrückt. Um nun herauszufinden, wie dein Medizinname lautet, schreibe separat jene Begriffe auf, die dir aufgrund deiner Texte und Bilder auffallen. Dann probiere diese Begriffe einzeln und in verschiedenen Kombinationen aus, indem du Sie – laut oder leise, so, wie es für dich die richtige Energie hat – aussprichst und in dich hineinspürst.

Du wirst es ganz tief in deiner Seele spüren,
wenn du deinen Medizinnamen gefunden hast.

Du spürst intuitiv, wenn deine Schreib- und Malsitzung zu Ende geht. Bedanke dich dann bei dir selbst und beim Leben, und komme entspannt wieder im Hier und Jetzt an.

Anregung:

Wenn du deinen Medizinnamen gefunden hast, kannst du diese Übung durchführen, um ihn besser zu verstehen und in der Tiefe kennenzulernen.

Die Spirit-Linien

Relativ häufig steht der Medizinname oder ein Teil davon im Zusammenhang mit unserer Familie. Unter Familie versteht man im Schamanismus jedoch weit mehr als nur die Abstammungslinie dieses Lebens (Eltern, Großeltern usw.), sie setzt sich darüber hinaus aus den Vorfahren unserer früheren Inkarnationen zusammen. Diese Ahnenreihen werden als »Spirit-Linien« bezeichnet. Durch diese Vorstellung von Familie eröffnet sich einem ein viel größerer Kreis an Wesen, von denen man Liebe, Kraft und Unterstützung erfahren kann. Wir sind mit allem Leben verbunden, und im Schamanismus kann jede Art von Lebewesen Vorfahre bzw. Verwandtschaft sein.

Wenn es auch nichtmenschlichen Inkarnationen gab, können einen die Spirit-Reihen zu sehr außergewöhnlichen Wesen hinführen – Engel, Elfen, Meerjungfrauen und Meermännern, Sternenwesen – oder in das Reich der Natur. Ich kenne jemanden, der in einem früheren Leben ein Löwe war, und mehrere, die einmal als Wale lebten, sowie einige, die sogar Steine waren.[11]

All diese Facetten von Familie können sich in deinem Medizinnamen spiegeln. Erfahrungen aus den früheren Leben

---

11 Ich kann mich daran erinnern, dass ich in einem vergangenen Leben ein Delfin war. Es ist nicht nur ein tiefgehendes Wissen, sondern auch ein starkes Gefühl. Wenn ich mit Delfinen zusammen bin, verstehe ich, wie sie »ticken«, und sie spüren das. Wir kommunizieren auf einer nonverbalen Ebene miteinander.

zeigen sich dann in deiner »Medizin«, in deinen Begabungen und Talenten. Oft ist es bewegend und ermutigend, durch den Medizinnamen eine Verbindung zu seinen Vorfahren zu finden – und zu dem alten Wissen, das man in sich trägt. Die Seele erinnert sich: Es ist so, als würde eine Datenbank reaktiviert, und man muss nur noch auf sie Zugriff nehmen.

ÜBUNG:

Begegnung mit deinen Spirit-Linien

Setze dich an einem ruhigen Ort hin, und schließe deine Augen. Atme entspannt, komme zur Ruhe. Rufe nun deine Spirit-Linien an, wende dich an deine Ahnen aus früheren Leben. Bitte jene um Unterstützung, die dir Auskunft über deinen Medizinnamen geben können. Sei dabei offen für ungewöhnliche Erkenntnisse. Erlebe, wie deine früheren Vorfahren dich in ihre Mitte nehmen und dich stärken. Spüre ihre Liebe. Welche positiven Eigenschaften fühlst du bei ihnen, welche besonderen Qualitäten? Sie werden dir beim Finden deiner »Medizin« zugutekommen oder ein Teil davon sein.

Lasse dir viel Zeit für diese Begegnung. Nimm wahr, was sie dir sagen, zeigen oder geben. Bedanke dich am Ende bei allen Mitgliedern deiner Spirit-Linien, und verabschiede dich von ihnen. Komme schließlich in deinem Tempo wieder zurück ins Hier und Jetzt, und öffne deine Augen.

Anregung:

Auch diese Übung eignet sich wunderbar dazu, deinen Medizinnamen, sobald du ihn gefunden hast, besser zu verstehen und umfassend zu begreifen.

Medizinnamen für Jugendliche

Jugendliche im Teenageralter sind alt genug, um auf die Suche nach ihrem Medizinnamen zu gehen, wenn sie das wollen. Daher können sie alle Übungen in diesem Buch durchführen, je nach Alter und Reife mit der notwendigen Unterstützung und Anleitung – schon aus Sicherheitsgründen.[12] Und natürlich ist es wichtig, dass ein junger Mensch, der seinen Medizinnamen findet, anschließend einen Ansprechpartner hat, um ihn und sich selbst besser zu verstehen.

Nichts ist für mich berührender, als mit jungen Menschen zu arbeiten. Mir ist es ein Anliegen, dass es den nächsten Generationen gut gehen möge. Daher helfe ich den Jugendlichen in meiner Umgebung gern dabei, eine gesunde Weltanschauung und Selbstachtung zu entwickeln, auf dass sie selbstbewusst und stark werden. Das Finden seines Medizinnamens kann einen Teenager dabei enorm unterstützen:

Ein Teenager, der seine Talente und Gaben entdeckt hat, wird darin bestärkt, authentisch zu sein und nur das zu tun, was ihm Freude bereitet. Es ist zudem sehr inspirierend, einen Jugendlichen beim Finden seines Medizinnamens zu helfen. Dadurch nehmen wir Erwachsene die Welt wieder aus einer neugierigen und offenen Perspektive wahr. Wir werden da-

12 Ein junger Mensch sollte nicht allein auf eine Medizinwanderung gehen. Du kannst aber mit ihm mitgehen und ihn dabei den Weg führen lassen. Ein älterer Jugendlicher, der sich in einem Naturgebiet orientieren kann, braucht womöglich nur bis zu einem Treffpunkt, an dem du auf ihn wartest, begleitet werden.

ran erinnert, dass das Leben ein Spiel ist und wir Spaß am Tanz des Daseins haben dürfen.

Teenager lieben Räucherwerk und schöne Gegenstände wie Federn, Muscheln oder Steine für die Anrufung der geistigen Kräfte. Diese rituellen Gegenstände sind natürlich nicht das, was die schamanische Arbeit geschehen lässt, aber sie verbildlichen die unsichtbaren Kräfte und Energien, die am Werke sind. Heilungs- und andere Zeremonien werden dadurch leichter nachvollziehbar. Es entsteht ein geschützter Rahmen für Veränderung, Übergang, etwas Neues.

Überhaupt »verstehen« Jugendliche schamanische Arbeit in der Regel sofort. Zum einem ist sie praktisch, greifbar und unkompliziert, zum anderen stehen die jungen Menschen naturgemäß dem Mysterium, dem Wunder des Lebens noch deutlich näher. Ich habe noch nie mit einem Jugendlichen gearbeitet, der schamanische Übungen nicht begriffen hätte.

Anregung:

Reinige den jungen Menschen am Anfang eines Rituals zum Finden seines Medizinnamens mit getrocknetem Salbei, den du in einer Muschel verräucherst, und verwende eine Feder, um den Rauch zu verwirbeln.[13] Natürlich kann der Teenager das auch selbst tun.

13 Falls das Räuchern für dich Neuland ist, empfehle ich dir das Buch »Räucherstoffe und Räucherstäbchen« (erschienen im Schirner Verlag) sowie die DVD »Richtig Räuchern« (erschienen im Jeomra Verlag) von Georg Huber.

Wenn du selbst Kinder hast: Frage deinen Nachwuchs, was er mit seinem Leben vorhat. Achte auf seine Wünsche, persönlichen Vorlieben und Begabungen. Höre zu. Und sei aufmerksam, wenn dir dein Kind von seinen Träumen erzählt, sie geben oft tiefe Einsichten in sein Seelenleben. Insbesondere Jugendliche wollen erkennen, wer sie selbst sind, und du kannst ihnen dabei helfen. Gib die Weisheit, die du in dir trägst, an sie weiter, begleite sie.[14]

Sprich mit deinem Teenager auch über die Liebe. Sei dabei einfühlsam. Lasse ihn erzählen, wie er die Welt wahrnimmt und was er erleben möchte. Unterstütze ihn dabei, sich frei zu entfalten – frei von Erwartungen, Vorstellungen und Konditionierungen.

Ein Jugendlicher, der seinen Medizinnamen kennt,
wird sehr viel Unterstützung dabei erfahren,
ein Leben voller Freude, Glück, Liebe
und spirituellem Bewusstsein zu führen.

14 Das englische Wort *(to) educate* für »bilden, erziehen« geht auf das lateinische Wort *educere* »herausführen« im Sinne von »aus der Unwissenheit herausführen« zurück.

Dein anderes Ich, dein magisches Selbst

Bei den indigenen schamanischen Kulturen teilt der Alltagsname einer Person, etwa *Mondsängerin,* der Außenwelt bestimmte Informationen mit. Er stellt eine Verbindung zur natürlichen Umgebung, in der sie lebt, her und spiegelt bestimmte psychologische, soziale und ökologische Dimensionen dieser Person. Die Verbindung zur spirituellen Dimension entsteht durch den Medizinnamen, etwa *Achtsame Bärin.* Er wird in der Regel geheim gehalten oder allein dem Medizinmann anvertraut.

Weil der Medizinname die reine Essenz einer Person darstellt, ist er viel wichtiger als der Alltagsname. Im Schamanismus ist es von zentraler Bedeutung, dass der Medizinname nicht »zerstört« werden kann. Er ist heilig, daher auch die Geheimhaltung. Der Medizinname verbindet seinen Träger mit der Quelle des Lebens.

Aufgrund dieser Verbindung kannst du den Sinn deines Lebens erforschen, wenn du deinen Medizinnamen kennst. Und es fällt dir leichter, die Aufgaben des Lebens zu bestehen, weil du sie als im großen Ganzen eingebettet begreifen und deine Lernaufgaben erkennen kannst. Dein Medizinname schenkt dir Regeneration. Sollte dir eine Verletzung, eine Krankheit, ein Trauma oder eine andere Prüfung widerfahren, so unterstützt dich dein Medizinname bei deren Aufarbeitung und Auflösung. Du kannst dich mit seiner Hilfe jederzeit auf dich selbst zurückbesinnen, Klarheit gewinnen, dich heilen und weiterentwickeln.

Beim Finden deines Medizinnamens hast du vielleicht schon einiges über seine Bedeutung erfahren, vielleicht aber auch nicht: Warum hast du genau diesen Medizinnamen? Wie kann er dir helfen, wie dich in deinem Leben in allen Bereichen unterstützen, wie dich sogar heilen? Damit du deinen Medizinnamen mit seiner »Medizin« für dein Leben nutzen kannst, ist es wichtig, dass du verstehst und fühlst, was er bedeutet und welche spezielle Qualität und Energie er in sich birgt. Dein Medizinname erinnert dich an dein anderes Ich, dein magisches Selbst, an deine verborgene Seite. Er macht dein tiefstes Inneres sichtbar und deine Lebensaufgabe.

Die folgende Übung lässt dich in der Tiefe erkennen, was dein Medizinname für dich bedeutet. Du wirst die »Medizin« deines ureigenen Namens verstehen lernen – und außerdem erfahren, ob du ihn anderen Menschen gegenüber geheim halten sollst oder nicht, was dir also mehr Kraft gibt.

ÜBUNG:

Deinen Medizinnamen verstehen

Lege dich an einem ruhigen Ort hin, und schließe die Augen. Atme tief ein und aus, komme zur Ruhe. Visualisiere vor deinem inneren Auge ein Portal, ein Tor in die Unsichtbare Welt, in deine Seelenwelt. Das kann eine Höhle, eine Tür, ein Tor oder ein Loch in einem Baum sein – oder was auch immer dir geeignet zu sein scheint und sich für dich gut anfühlt. Nimm einen tiefen Atemzug, und durchschreite das Tor – ganz in deinem Tempo. Nimm anschließend die neue Umgebung wahr.

Sprich nun deinen Medizinnamen laut aus. Sage: »Ich bin [XY].« Du *bist* dein Medizinname, er ist deine Essenz. Nimm wahr, wie du dich fühlst, nachdem du ihn ausgesprochen hast. Sicherlich vitaler, denn du hast dich mit deiner ureigenen Lebensenergie verbunden. Vielleicht musst du weinen, vielleicht lachen, vielleicht gar beides. Es ist nicht ungewöhnlich, dass einen das Aussprechen des eigenen Medizinnamens tief berührt.

Den Medizinnamen auszusprechen,
ist, nach Hause zu kommen.

Rufe nun dein Krafttier, deinen Schutzengel oder ein anderes Helferwesen herbei, und bitte es, dir zu helfen, deinen Medizinnamen zu verstehen. Nimm wahr, was passiert und wer nun kommt. Vielleicht siehst du ein Wesen. Vielleicht fühlst oder hörst du eine Präsenz. Lasse es einfach zu, sei offen für das, was geschieht. Es kann auch sein, dass gar kein Helferwesen kommt, sondern dass du stattdessen in deiner Vorstellung auf eine Reise gehst. Alles ist richtig, du kannst nichts falsch machen.

Du wirst plötzlich erkennen, was dein Medizinname für dich bedeutet. Vielleicht musst du nachfragen, um manche Aspekte deiner »Medizin« in ihrer Tiefe zu verstehen. Du kannst deinem Helferwesen oder der Unsichtbaren Welt alle Fragen stellen, wenn dir etwas unklar ist oder du es noch genauer wissen möchtest.

Deine Fragen können z. B. sein: »Welche Bedeutung hat das, was ich gerade wahrgenommen habe?«, »Welche Eigenschaften und Qualitäten birgt mein Medizinname in sich?«, »Warum trage ich genau diesen Medizinnamen?«, »Welche Aufgabe in meinem Leben verlangt, dass ich jetzt hier auf Erden bin?«, »Was sind meine ganz besonderen und einmaligen

Talente und Geschenke, die ich aufgrund meines Medizinnamens weitergeben kann?«

Falls du hinsichtlich mancher dieser Fragen schon eine Ahnung hast oder gar die Antworten kennst und weißt, was deine Lebensaufgabe und die Bedeutung deines Medizinnamens ist, dann frage, wie du dieses Wissen weiter verfeinern und vertiefen kannst – im Sinne und zum Wohle der gesamten Schöpfung und deiner persönlichen Freude.

Wende dich nun direkt an deinen Medizinnamen. Frage ihn, was er von dir braucht, damit er dich gut mit seiner Kraft, seiner »Medizin« durch den Alltag begleiten kann. Vielleicht wünscht er sich von dir ein Begrüßungsritual in Form einer bestimmten regelmäßigen Handlung oder Aufgabe. Es ist wichtig, diese dann auch durch- bzw. auszuführen.

Frage deinen Medizinnamen auch, ob du ihn – vollständig oder teilweise – anderen Menschen offenbaren darfst. Um die Kraft ihres Medizinnamens als Werkzeug nutzen zu können, ist es für manche Menschen wichtig, ihn anderen zu sagen, für andere wiederum, ihn für sich zu behalten oder zumindest nur ganz bestimmten Menschen mitzuteilen. Frage ihn: »Wie hat es für mich am meisten Kraft?«

Nun geht es für dich darum, mit der Energie deines Medizinnamens zu verschmelzen. Auf diese Weise wird sie auf dich übertragen und ein Teil deines Alltags. Sprich dafür deinen Medizinnamen mehrmals laut aus: »Ich bin [XY]«, und berühre währenddessen ein paar Mal deine Schultern so, als würdest du jemanden ganz leicht anstupsen. Umarme dich anschließend innig für einige Zeit. Fühle, wie dein Medizinname und dein jetziges Selbst dabei eins werden. Genieße das Gefühl der Fülle, das dadurch in dir aufsteigt. Es ist befreiend und erfüllend, es macht ehrfürchtig und glücklich, die eigene tiefe Verbindung mit dem großen Ganzen zu erfahren. Erfreue dich an diesem Mysterium, an der unendlichen Weite des Lebens, die wir nie vollständig begreifen werden.

Kehre danach wieder zu deinem Portal zurück. Bedanke dich bei deinem Krafttier, Helferwesen oder deinem Schutzengel – oder bei der unsichtbaren Welt, deiner Seelenwelt. Atme tief durch, durchschreite das Tor, und gelange zurück ins Hier und Jetzt. Öffne anschließend ganz allmählich deine Augen, vielleicht mit einem Gähnen oder einem Strecken deines Körpers. Willkommen im Leben!

Anregung:

Du kannst diese Übung wiederholen, um mehr über deinen Medizinnamen zu erfahren, und das so oft, wie du willst. Du kannst diese Meditation auch durchführen, um deinen Medizinnamen als Werkzeug zu nutzen, um Antworten auf jedes andere Thema in deinem Leben zu finden. Dafür nennst du am Anfang der Trancereise das Thema – z. B. »Wie kann mir mein Medizinname dabei helfen, dass ich mit meiner Arbeit glücklich werde?« oder »Wie unterstützt mich mein spiritueller Name dabei, gesund zu werden?« – und sagst deinen Medizinnamen und wartest anschließend ab, was sich ereignet und welche Impulse zu bekommst.

Sich wandelnde Namen

Ein Medizinname verändert sich mit einer gewissen Wahrscheinlichkeit im Laufe der Zeit. Alles ist ständig im Wandel, und wir befinden uns auf einer Reise durch das Leben. Wir stehen je nach Lebensphase vor ganz anderen Herausforderungen, und das spiegelt sich natürlich auch in unserem Seelen- und Innenleben. Dies ist eine universelle Weisheit, die sich im Schamanismus auch in den Medizinnamen widerspiegelt. Unser Medizinname unterstützt uns stets aufs Neue in unserem Wachstum und unseren Bedürfnissen nach Heilung, indem er mit uns »wächst«.

Bei den nordamerikanischen und auch den australischen Ureinwohnern etwa kann sich sowohl der Alltagsname als auch der Medizinname entwickeln: Da ist der erste Name, z.B. *Mond-Schmetterling,* der dem Träger bei der Geburt gegeben wird – meist durch den Stammesschamanen, den Medizinmann. In diesen Namen und seine Bedeutung für das Selbst wächst die Person hinein. In der Adoleszenz, der

Schlussphase des Jugendalters, wenn klarer geworden ist, welche spezielle Qualitäten und auch Herausforderungen den noch jungen Menschen begleiten werden, erhält er einen neuen Namen, z. B. *Kraftvolles Reh,* und der alte fällt weg.[15] Dann findet dieser Mensch seinen Medizinnamen, z. B. *Achtsame Bärin.* Dieser kann sich vielleicht 20 Jahre später in *Starke Bärin* wandeln und noch einmal später in *Weise Bärin* oder in *Wolfsgroßmutter.*

Dass die Namen sich wandeln können, inspiriert die Menschen der Naturvölker dazu, nicht zu erstarren, sondern sich ihr ganzes Leben lang zu verändern und weiterzuentwickeln.[16] Das Leben ist wie ein Fluss: Wenn du ein Ziel verfolgst, das dir nicht entspricht, wird dich der natürliche Lebensstrom nicht mittragen. Wenn du aber mithilfe deines Medizinnamens deine Bestimmung findest und dich dem Strom des Lebens anvertraust, wird er dich an dein Ziel tragen. Wenn du deiner Natur entsprechend lebst, zu der dich dein Medizinname führt, dann bist du im großen Ganzen eingebettet.

---

15 Die Pubertätszeit indigener Jungen und Mädchen wird von Initiationszeremonien mit symbolischen Neugeburten begleitet. Die Rituale sind oft schwierige Prüfungen oder Zeiten der Visionssuche. Der danach gefundene neue Name bekräftigt und unterstützt dann das Gefühl des jungen Menschen, »erwachsen« zu sein. Infolgedessen begreifen die jungen Menschen auf zellulärer Ebene die schamanische Weltanschauung, dass sie nicht ein Ziel erreicht, sondern die Reise des Lebens begonnen haben.

16 In der Vorstellung der uralten Stammeskultur der Aborigines darf und soll sich der Beruf bzw. die Arbeit jedes Einzelnen im Leben mehrmals ändern. Dadurch kann und wird sich dieser Mensch entfalten, und das Leben wird so gelebt und erfahren, wie es von der Schöpfung gedacht ist: als ein inneres und äußeres Wachsen.

Die amerikanischen Ureinwohner kennen für das Leben und den Wandel der Namen im Laufe des Lebens noch weitere Vergleiche mit dem Wasser: Wir Menschen sind wie Flüsse, die sich von ihren kleinen Anfängen dramatisch in mächtige Flüsse verwandeln können, die bis ans Meer reichen. Wenn wir in unseren Emotionen blockiert sind, sind wir wie ein Gewässer, das zu Eis erstarrt oder das aufgestaut worden ist. Sind wir aber »im Fluss«, im Einklang mit uns selbst und der Schöpfung, dann sind wir offen und empfangen neue Ideen und Eingebungen.

Leben wir unser Sein nicht im Einklang mit uns und der Schöpfung, dann ist einer oder sind mehrere der vier Aspekte des Menschen – Gefühle, Seele, Körper und Verstand – über- oder unterentwickelt bzw. mit Blockaden behaftet. Die folgende Meditation unterstützt dich dabei, deine »Medizin« für ein Leben in Balance einzusetzen. Dein Medizinname wird dich in deine Kraft, in ein erfülltes und glückliches eigenständiges Leben führen.

In Balance kommen mithilfe deines Medizinnamens

Lege dich an einem friedvollen, ungestörten Ort hin. Schließe deine Augen. Atme tief ein und aus, und komme zur Ruhe. Sprich deinen Medizinnamen laut aus: »Ich bin [XY].« Nenne dann den Wunsch, in Balance zu kommen.

Erspüre nun den *Ort deiner Gefühle* in dir. Dieser kann in deiner Seele, in deinem Körper, in deinem Energiefeld, der Aura, liegen – oder in all diesen Bereichen zugleich. Nimm dann wahr, welche Gefühle du gerade hegst. Bewerte diese nicht, jedes Gefühl ist in Ordnung. Erfrage anschließend, wie du mithilfe deines Medizinnamens deine Gefühle in Balance bringen kannst. Höre auf die Impulse, die du empfängst. Es können Wörter, Sätze, Bilder, Empfindungen oder auch Energieströme sein.

Wenn du die Antwort erhalten hast, erspüre in dir den *Ort deiner Seele,* deiner spirituellen Ausrichtung im Leben. Nimm dann wahr, wie es deinem Seelenleben gerade geht. Erfrage anschließend, wie du mithilfe deines Medizinnamens dein Seelenleben in Balance bringen kannst. Höre auf die Impulse, die du empfängst.

Wenn du die Antwort erhalten hast, erspüre in dir den *Ort deines Körpers,* deiner materiellen Ebene. Nimm dann wahr, wie es um dein Körperbewusstsein steht. Erfrage nun, wie du mithilfe deines Medizinnamens deinen Körper, deine materielle Seinsebene, in Balance bringen kannst. Höre auf die Impulse, die du empfängst.

Wenn du die Antwort erhalten hast, erspüre als Viertes in dir den *Ort deines Verstandes,* deiner Ausrichtung und deiner Ziele. Nimm nun wahr, wie sich deine Verstandesebene gerade äußert. Erfrage dann, wie du mithilfe deines Medizinnamens deinen Verstand in Balance bringen kannst. Höre auf die Impulse, die du empfängst.

Umarme dich schließlich selbst, um alle vier Aspekte, also Gefühle, Seele, Körper und Verstand miteinander zu verbinden und in Balance zu bringen. Höre auf die Impulse, die du währenddessen empfängst.

Bedanke dich am Ende bei der unsichtbaren Welt und bei dir selbst, indem du deine Hände auf dein Herz legst. Komme dann allmählich wieder in die Gegenwart zurück, und öffne deine Augen. Willkommen in deinem Leben!

Deinen Medizinnamen leben

Dein Medizinname bringt dich auf den Weg deiner Seele, auf deinen Herzensweg. Womöglich hast du dir diesen Weg lange vorenthalten und dich selbst bisher nicht genügend geliebt. Wenn du dir endlich erlaubst, du selbst zu sein, ist das oft mit Tränen der tiefen Erleichterung verbunden, mit einem Aufatmen der Seele. Du gehst dann neue Wege und über alte Grenzen hinaus, du betrittst heldenmutig Neuland.

Sei stolz auf dich selbst, du Heldin, du Held, und lebe jeden Tag selbstbestimmt. Kümmere dich nicht darum, was die anderen denken. Verwirkliche dich selbst. Dein Medizinname wird dich dabei unterstützen. Sei, wer du bist. Jedes Lebewesen ist einzigartig. Deine Lebensaufgabe muss nicht unbedingt mit der Ausübung eines Berufs zusammenhängen. Sie kann z. B. auch das Spielen, das Lachen, die Liebe oder die Freude sein. Die Welt wartet nur darauf, dass du deine Talente lebst und zeigst. Genieße dein Sein und das, was du tust. Erlebe und lebe den Moment, und schenke Freude.

Du allein kannst herausfinden, worin dein Lebenszweck besteht. Sei ehrlich zu dir selbst: Was ist dein wahrer Herzenswunsch? Lasse dich mutig auf die Kraft deines Medizinnamens ein, denn sie wird dich auf ganz natürliche Weise antreiben, stimulieren und stärken.

ÜBUNG:

Deinen Herzensweg gehen

Begib dich auf eine weite Fläche – in einem Park oder in der freien Natur –, wo du ungestört sein kannst. Gehe dort an einen Platz, der für dich die Gegenwart symbolisiert. Stelle dich hin, atme tief ein und aus, werde ruhig. Sprich deinen Medizinnamen laut aus. Bitte darum, dass du den für dich guten und richtigen Weg durchs Leben finden mögest, und darum, vor deinem geistigen Auge zu sehen, wie dir dein Leben gelingt und du glücklich und zufrieden bist.

Mache dich nun innerlich auf den Weg. Gehe langsam, um genau zu spüren, wohin der Weg dich führt. Nimm wahr, welche Bilder, Gedanken und Impulse du währenddessen erhältst. Lasse dir Zeit. Verläuft dein Weg geradlinig? Verläuft er eher kurvig? Halte inne, wenn es sich für dich richtig anfühlt, und wenn du eine Frage hast, stelle diese.

Dein Medizinname bringt dich
auf den Weg deiner Seele.

Erfrage daher außerdem, wie dich dein Medizinname bei diesem Thema unterstützen kann. Nimm genau wahr, welche Antworten in dir emporsteigen, und gehe anschließend weiter. Erlaube dir auch, manchmal ein paar Schritte zurückzugehen und dann einen ganz neuen Weg einzuschlagen.

Der Schlusspunkt deines Herzensweges ist nicht der Moment deines Todes, sondern er liegt einige Zeit davor. Visualisiere, wie du erfüllt in den Ausklang deines Lebens schreitest: Du hast alles erlebt, was du erleben wolltest, hast aus dem Vollen geschöpft. Du bist gewachsen, hast sowohl aus Fehlern als auch aus positiven Erfahrungen dazugelernt. Du hast geliebt und bist wiedergeliebt worden. Liebe umgibt dich. Du bist zufrieden und dankbar.

Gehe nun langsam wieder den Weg zurück, bis zu deinem Ausgangspunkt (die Gegenwart). Nimm beim Zurückgehen intensiv wahr, wie es dir ergehen und welche Stationen es geben kann. Komme schließlich am Anfangspunkt an. Bedanke dich bei dir selbst, bei deinem Medizinnamen und beim Leben. Kehre nun langsam in das Hier und Jetzt zurück, und öffne in deiner Zeit die Augen. Willkommen auf deinem Herzensweg!

Anregung:

Wir alle sind mit allem verbunden. Alle Lebewesen haben eine Seele, auch die Spirits und sogar unser Planet. Alles ist Bewusstsein. Wir können mithilfe unseres Medizinnamens direkt mit Mutter Erde kommunizieren. Die Erde ist wunderschön, sie ist uns eine fürsorgliche Mutter, und sie ist unser Zuhause. Denke daran, dich auch um sie zu kümmern.

Du kannst den Herzensweg auch mit dem Ziel gehen,
erfolgreich deine »Medizin« zum Wohle
unseres Planeten einzusetzen.

Exkurs: Erden-Horoskopzeichen und der Medizinname

Die Erden-Horoskopzeichen, die ich hier vorstelle, basieren auf der schamanischen Astrologie der nordamerikanischen Indianer. Kennengelernt habe ich sie durch Sun Bear, einem Medizinmann des Stammes der Ojibwa.

Wie auch bei anderen astrologischen Systemen erhält ein Mensch sein Erden-Horoskopzeichen (auch Totem oder Totemtier genannt) mit seinem Geburtstag. Die zwölf indianischen Zeichen sind: Otter, Wolf, Falke, Biber, Hirsch, Specht, Feuersalamander, Bär, Rabe, Schlange, Eule und Schneegans.[17] *Jedes dieser Tiere hat seine »Tiermedizin«, seine einmaligen Qualitäten, die wir erkennen können, wenn wir es – eingebettet in seine natürlichen Rhythmen und Zyklen – beobachten. Tiere spiegeln uns, wie wir uns im Alltag und spirituell weiterentwickeln können.*

Manchmal entspricht unser Medizinname oder ein Teil davon unserem Erden-Horoskopzeichen. Andernfalls wird uns die »Medizin« dieses Tieres beim Verstehen unseres Medizinnamens unterstützen.

17 Ich habe die Erden-Horoskopzeichen an die Gegebenheiten West- und Mitteleuropas angepasst. So wurde z. B. aus dem Puma der Wolf. Sun Bear ermutigte mich seinerzeit immer wieder, das universelle Wissen seines Stammes an die jeweilige Umwelt anzupassen.

Otter (21.1. bis 19.2.)

Menschen dieses Totems sind geschätzte und begehrte Zeitgenossen. Da sie gesellig und verspielt sind, geben sie gute Freunde und interessante Weggefährten ab. Otter tun sich leicht damit, neue Kontakte zu knüpfen, denn sie sind offen, aufgeschlossen und freundlich. Meist steht bei ihnen viel Spaß auf dem Programm.

»Otter« sind geschmeidig und können sich mit Leichtigkeit allen Situationen anpassen. Sie sind aktiv und beweglich und viel unterwegs. Grenzen und Schranken mögen sie nicht. Sie sind sehr freiheitsliebend und leben dies gern durch die unterschiedlichsten Unternehmungen, z. B. weite Reisen, aus.

Wer im Mond des Otters geboren wurde, ist oft sehr kreativ und an Kunst, Musik und Kultur interessiert. Diese Menschen machen sich viele Gedanken um Gott und die Welt. Sie gelten als intuitiv, und sie können leicht hinter Fassaden schauen. Wenn sie gelernt haben, ihre eigenen Energien richtig zu gebrauchen, sind sie in der Lage, die reinen spirituellen Kräfte des Lebens durch sich hindurchfließen zu lassen – das, was wir unsere Seele nennen. Sie können dann auch in anderen deren höheres Wesen erkennen und ihnen dabei helfen, es zu offenbaren.

Wolf (20.2. bis 20.3.)

Wolf-Geborene gelten als loyal, mitfühlend und fürsorglich. Uneigennützig kümmern sie sich gern um ihre Liebsten. Sie gelten als sehr romantisch, sie zelebrieren Liebe und Beziehung geradezu.

Menschen dieses Totems sind ausgesprochen intuitiv und empfindsam. Rein logisches Handeln ist nicht ihre Sache. Sie verlassen sich lieber auf ihr Bauchgefühl und nehmen die Gefühle ihrer Mitmenschen genau wahr.

Im Wolf-Mond geborene Personen brauchen immer wieder Rückzugsgelegenheiten, um ihre tiefen Gefühlen verarbeiten und über die Welt nachdenken zu können. Daher benötigen sie für ihr persönliches Wohlergehen und inneres Gleichgewicht ein eigenes Revier als wesentliche Voraussetzung.

»Wölfe« streben beständig nach Weisheit und wollen ihr inneres Potenzial ausschöpfen. Das Mystische des Lebens ist ihnen vertraut, und so können sie das Wunder der Existenz von Grund auf vermitteln. Sie sind gute Lehrer – sei es im spirituellen Bereich oder im beruflichen. Und weil sie sehr sensitiv und hilfsbereit sind, findet man sie oft in »helfenden Berufen«.

Falke (21.3. bis 20.4.)

Falke-Menschen gelten als unternehmungslustig, impulsiv und extrovertiert. Sie sind von Natur aus offen, freundlich und umgänglich. Durch ihre Vitalität und Leidenschaft können sie auf ihr Umfeld sehr mitreißend wirken.

Falke-Geborene haben wie ihr Totemtier die Fähigkeit, hoch in den Wolken dahinzugleiten und dort Kontakt mit dem Schöpfer aufzunehmen. Aufgrund dieser Verbindung und der damit einhergehenden Klarsichtigkeit, Voraussicht und Energie sind sie gute Vermittler und Führungspersönlichkeiten.

»Falken« sind sehr kreativ und zugleich schnell und zielstrebig. Haben sie einmal das Berufsfeld gefunden, das ihnen entspricht – das sie interessiert und in dem sie möglichst eigenständig agieren können –, klettern sie häufig die Karriereleiter steil nach oben. Durch ihre eigene Begeisterungsfähigkeit sind Menschen des Falke-Mondes besonders gut in der Mitarbeitermotivation: Sie zeigen auf, dass echte Begeisterung – die Begeisterung der Lebensaufgabe – zu einem Leben voller Freude, Lebenslust und Erfüllung führt.

Biber (21.4. bis 20.5.)

Biber-Geborene gelten als zuverlässig, treu und warmherzig. Sie zeichnen sich durch Liebe, Geborgenheit und Stabilität aus. Sie sind liebevolle Eltern, und ein harmonisches und schönes Heim ist ihnen sehr wichtig.

Der Biber, der mit seinen Zähnen als Werkzeug und aufgrund seiner Kraft und Ausdauer Bäume fällen und Dämme bauen kann, ist neben dem Menschen das einzige Lebewesen, das in der Lage ist, seine Umwelt stark zu verändern, um für seinen Frieden, seine Sicherheit und sein Wohlbefinden zu sorgen. Er hilft mit, den Grundwasserspiegel zu regulieren, und ist von außerordentlichem Wert für die Erhaltung der Fische und der übrigen Tierwelt sowie der Vegetation.

»Biber« sind wie ihr Totem zu wahren Wunderwerken im technischen Bereich fähig. Sie sind auf der materiellen Ebene sehr kreative Menschen, können aber auf fast jedem Gebiet oder in jeder Angelegenheit, der sie sich verschrieben haben, erfolgreich ans Ziel gelangen.

Stabilität, das Glück durch harte Arbeit und eine geordnete, schöne Umwelt sind Menschen des Biber-Mondes wichtig. Auf dem Weg auftauchende Schwierigkeiten werden von ihnen schlicht beseitigt. Man kann sich hundertprozentig auf sie verlassen. Diese Fähigkeiten machen sie sehr beliebt und erfolgreich.

Hirsch (21.5. bis 20.6.)

Hirsch-Geborene gelten als gesellig und verbreiten meist eine gute, positive Stimmung. Sie sind von Natur aus sehr intuitiv, weshalb es ihnen in der Regel möglich ist, die Gefühle ihrer Mitmenschen wahrzunehmen und diese aufgrund dessen zu unterstützen. Es ist für »Hirsche« jedoch wichtig, dass sie sich auch Zeit für sich allein nehmen, z. B. in der Natur, um so neue Kraft zu gewinnen.

Menschen des Hirsch-Mondes suchen sich ein Berufsfeld, das tiefgründig und sinnstiftend ist. Häufig sind sie Künstler in ganz unterschiedlichen Bereichen, z. B. Malerei, Kochen, Musizieren oder handwerkliches Gestalten. Sie haben außerdem eine starke Verbindung zu den heilenden Kräften.

Der Hirsch ist in den Legenden der Torhüter zur Anderswelt. Sein Geweih ist gleichsam eine Antenne zur Unsichtbaren Welt und den verschiedenen Zugängen dorthin. Deshalb können Hirsch-Menschen besonders gut mit Spiritualität, Transformation und Erneuerung umgehen und in diesen Bereichen arbeiten.

Specht (21.6. bis 22.7.)

Specht-Geborene sind ständig dabei, ihr Haus, ihr »Nest« auszubauen und zu pflegen. Heim und Familie sind ihnen ausgesprochen wichtig, und sie gelten als ausdauernd, emotional und mitfühlend. Spechte sind Beschützer des Lebens. Das Klopfen eines Spechts im Wald zu hören, ist sehr berührend und erinnert daran, der Stimme des Herzens zuzuhören.

Es ist Specht-Menschen sehr wichtig, dass sie eine Aufgabe finden, der sie sich voll und ganz widmen können. Für viele liegt diese im privaten Bereich, etwa darin, eine Familie zu gründen und ein Heim für sie zu erschaffen.

»Spechte« legen nicht unbedingt Wert auf eine große Karriere oder Macht, und das Bedürfnis nach Anerkennung für ihre Arbeit ist nicht sehr ausgeprägt. Ihnen ist es wichtiger, dass sie sich durch ihren Beruf innerlich erfüllt fühlen und ein gutes Betriebsklima herrscht.

Aufgrund ihrer Scharfsichtigkeit und ihres Einfühlungsvermögens haben Menschen dieses Totems die Fähigkeit, Dinge zu tun und zu sagen, die tief in die Herzen ihrer Mitmenschen dringen.

Feuersalamander (23.7. bis 22.8.)

Feuersalamander-Menschen gelten als charismatisch und selbstbewusst. Sie gehen ihren ganz eigenen Weg. Sie sind mutig und übernehmen gern Verantwortung. Diese Menschen haben eine außergewöhnlich hohe physische Energie und einen starken Willen. Umso wichtiger ist es für sie, sich Ruhephasen zu gönnen und diese zu einem regulären Bestandteil ihres Alltags zu machen.

Aufgrund der starken Urkräfte, die durch sie hindurchfließen, sind »Feuersalamander« natürliche Anführer. Zugleich verhalten sie sich großzügig und offenherzig. Mit ihrem kraftvollen Sein unterstützen sie auch andere Menschen, ihr Leuchten zu entwickeln sowie Energie und Selbstliebe in sich zu wecken.

Feuersalamander-Geborene sind wissbegierig und machen oft Karriere. Sie lieben Herausforderungen und gelten als ausgesprochen mutig. Voller Elan, Aktivität und Selbstbewusstsein verfolgen sie unbeirrbar ihre Ziele. Sie suchen zumeist entweder den Weg der Selbstständigkeit oder übernehmen eine Anstellung mit verantwortungsvollen Aufgaben.

Bär (23.8. bis 23.9.)

Bär-Menschen sind naturverbunden, ruhig und friedliebend. Sie lieben vertraute Abläufe und Gemütlichkeit. Gleichzeitig zeichnen sie sich durch Entschlossenheit, Mut und Stärke aus. Sie gelten als zuverlässig und unterstützen ihre Freunde mit aller Energie.

Im Mond des Bären geborene Menschen verfallen im Winter ebenso wie ihr Totem in einen langsameren Rhythmus. Sie bemühen sich, diese Jahreszeit so bedächtig wie möglich zu gestalten, damit sie über das vergangene und das kommende Jahr nachsinnen können.

»Bären« sind neugierig. Es ist ihnen ein großes Bedürfnis, zu erfahren, wie sich die Dinge sowohl im menschlichen als auch im außermenschlichen Bereich verhalten, um mithilfe dieses Wissens alles wieder ins Lot zu bringen, was einmal in Unordnung geraten ist.

Bär-Menschen ist ihr Beruf sehr wichtig. Sie gelten als fleißig, pünktlich, zuverlässig und übernehmen auch gern Verantwortung. Wirkliche Führungsqualitäten bringen Bären selten mit, sie agieren lieber aus dem Hintergrund.

Rabe (24.9. bis 23.10.)

Rabe-Menschen gelten als kommunikativ, diplomatisch und vermittelnd – alles Eigenschaften, die von ihrer hohen Intelligenz zeugen. Sie sind vielfältig interessiert, gern in Bewegung und sehr aktiv. Menschen dieses Mondes brauchen viel Abwechslung und lieben die Freiheit. Zugleich sind sie sehr gesellig.

Wie ihr Totem sind die Menschen dieses Mondes in der Lage, durch die Lüfte zu segeln und einen Ort ausfindig zu machen, an dem sie die positiven Energieströme der Erde in sich aufnehmen können. Sie fühlen sich in den irdischen wie in den himmlischen Bereichen des Universums gleichermaßen wohl.

»Raben« gelten als sehr intuitiv und sind Seher der Zukunft und der Vergangenheit. Werden sie richtig geschult, können sie sich durch Raum und Zeit hindurch als Boten zwischen den Welten bewegen.

Rabe-Geborene haben viele Interessen und sind künstlerisch oder musisch begabt. In Berufen, in denen sie ihr diplomatisches Geschick einsetzen können, fühlen sie sich wohl. Durch ihre charmante Art fällt es ihnen leicht, Menschen für sich zu gewinnen. »Raben« sind gute Teamarbeiter und tragen viel zur Harmonie in einer Gruppe bei.

Schlange (24.10. bis 21.11.)

Ein ungeheuer starker Strom von Lebenskraft fließt durch die Adern von Schlange-Menschen. Sie stehen für die Gerechtigkeit ein und sind Hüter einer alten »Medizin« der Erde. Sie verfügen über besondere spirituelle Kräfte und psychische Fähigkeiten, sind sehr empfindsam für die Stimme des Geistes und in der Lage, viele subtile Energieformen wahrzunehmen. Sie können sehr leidenschaftlich sein, greifen dennoch nur dann an, wenn sie sich verteidigen müssen.

Wie ihr Totem haben Menschen dieses Mondes empfindsame Sensoren, mithilfe derer sie die Wahrheit über Menschen und Begebenheiten, mit denen sie konfrontiert werden, erspüren können. Sie haben scharfsichtige Augen, mit denen sie in die Tiefen der Seele hineinblicken können – sowohl in die eigene als auch in die anderer. »Schlangen« stehen anderen bei der Bewältigung von Problemen und Aufgaben gern bei. Häufig sind sie mit natürlichen Heilkräften gesegnet.

Schlange-Geborene können erheblich dazu beitragen, das Gleichgewicht in der Natur oder irgendeiner Situation aufrechtzuerhalten. Sie besitzen die Fähigkeit, sich Ideen, Gefühlen, Gewohnheiten usw. wie einer alten und eng gewordenen Haut zu entledigen, wenn die Zeit reif ist, sich in eine neue Phase des Seins hineinzubegeben.

Eule (22.11. bis 21.12.)

Eule-Menschen sind weise, wissbegierig und unentwegt auf der Suche nach der Wahrheit. Sie besitzen die Gabe, durch eine dichte Hülle von äußeren Eindrücken zum wahren Kern einer Sache vorzudringen. Sie geben ihr umfangreiches Wissen gern weiter.

Als Geschöpfe der Nacht sind Eulen stark mit Großmutter Mond und den weiblichen Energien verbunden sowie mit dem Unbewussten. Menschen dieses Totems können in die Tiefe der Seele blicken und, wenn sie darin geschult werden, in die Zukunft schauen und Gedanken telepathisch übertragen.

Eule-Geborene erweisen sich als zielstrebig, wenn sie ihre Ideen verwirklichen wollen, und sind zugleich immer auf der Suche nach dem Bestmöglichen, dem Ideal. Sie helfen in jedem Bereich, mit dem sie in Berührung kommen, das Gleichgewicht herzustellen. Sie besitzen einen ausgeprägten Gerechtigkeitssinn und arbeiten darauf zu, jegliche Ungerechtigkeit auszugleichen.

Wenn es um die Wahrheit geht, sind Menschen des Eule-Mondes kraftvolle, schnelle und zielsichere Jäger. Dank ihrer Weitsicht und ihrem Streben nach Wissen und Verbesserung sind sie oft in beratenden und führenden Positionen in den Bereichen Rechtsprechung, Politik oder auch Theologie zu finden.

Gans (22.12. bis 20.1.)

Gans-Menschen gelten als beständig und entschlossen bei der Verwirklichung ihrer Ziele. Sie wissen, dass sie selbst die Verantwortung für ihr Leben und dessen Verlauf tragen. Gänse hinterlassen einen tiefen Eindruck auf uns Menschen, wenn sie am Himmel vorüberziehen. Sie finden ihren Weg und kommen dort an, wohin sie gelangen wollen.

Gans-Geborene besitzen wie ihr Totem die Fähigkeit, zielstrebig weite Strecken hinter sich zu bringen. Sie fühlen sich stark zu Traditionen hingezogen. Obgleich sie wissen, dass Veränderungen notwendig sind, verlangen sie, dass diese einer Ordnung folgend stattfinden und den Traditionen vergangener Tage – etwa ein religiöses Ritual oder ein Familienbrauch – gerecht werden. »Gänse« erkennen bereitwillig jegliche Autorität an und werden stets darauf bedacht sein, ein tadelloses Benehmen an den Tag zu legen, das in Traditionen eingebettet ist.

Menschen des Gans-Mondes fühlen sich wohl bei Tätigkeiten, in deren Rahmen sie sicher planen, organisieren und kalkulieren können. Meist haben sie schon früh eine genaue Vorstellung von ihrer Zukunft und setzen diese mit Ehrgeiz und Willensstärke um. Sie arbeiten sich im Leben Stufe um Stufe nach oben und lernen stets alles, was für den nächsten Schritt notwendig ist. »Gänse« gehören in beruflicher Hinsicht zu den erfolgreichsten Menschen.

Dank und Ausklang

Ich bedanke mich bei meinen Verlegern, Heidi und Markus Schirner, für ihr Vertrauen in mich und ihre Unterstützung, meine Arbeit in die Welt zu tragen. Ich bedanke mich bei meinem Lektor Rudolf Scholz, mit dessen Begleitung ich auch dieses Projekt verwirklichen durfte. Sein Verständnis von Ausdruck und Sprache hat mir geholfen, das, was ich in meinen Werken vermitteln möchte, noch besser und klarer zum Ausdruck zu bringen. Danke an Elena Lebsack für die wunderschöne grafische Gestaltung dieses Buches.

Mein herzlicher Dank gilt dir, meiner Leserin, meinem Leser. Aufgrund deiner Freude und deines Interesses daran, meine Werke zu lesen, kann ich schreiben, wirken und auch mich selbst weiterentwickeln.

Ich bin immer glücklich, wenn ich meinen Leserinnen und Lesern begegnen, sie kennenlernen und wahrnehmen darf. Dies ist natürlich bei meinen Lesungen, Vorträgen und Seminaren möglich, ich genieße jedoch auch den intensiven Austausch über meine Facebook-Seite »Lisa Rainbow Biritz« und freue mich über jeden neuen Facebook-Freund. Auf meiner Homepage **www.lisarainbow.com** findest du meinen Blog, in dem ich regelmäßig Neuigkeiten, Gedanken und Inspirationen weitergebe.

Mein innigster Herzensdank gilt Mutter Erde, der Natur, und meinen Begleitern und Helfern der Geistigen Welt: Wie viel durfte ich schon mit euch erleben und von euch lernen – Heilung, Freude und Liebe. Und ich danke meinen zahlreichen menschlichen Lehrern, von denen ich lernen durfte.

Literatur

Biritz, Lisa: **Abnehmen schamanisch!** CD. Schirner 2015.

Biritz, Lisa: **Botschaft der Delfine.** CD. Schirner 2013.

Biritz, Lisa: **Dein Medizinname. Entdecke dein verborgenes magisches Selbst.** CD. Schirner 2018.

Biritz, Lisa: **Natur, Elemente, Spirits. Immerwährender schamanischer Kalender.** Schirner 2015.

Biritz, Lisa: **Schamanisches Fasten. Abnehmen und alles essen – das geht wirklich! Schlank sein mit uralten spirituellen Methoden.** Schirner 2015.

Biritz, Lisa: **Schamanisches Fasten – Mein Begleiter für eine glückliche Seele und eine schlanke Figur.** Schirner 2017.

Biritz, Lisa: **Seelen-Medizin. Mit schamanischem Wissen und Seelenrückholung zu innerer Ganzheit.** Schirner 2014.

Biritz, Lisa: **Seelen-Medizin. Seelenrückholung und Reinigung von Fremdenergien.** CD. Schirner 2014.

Biritz, Lisa / Hart, Francene: **Seelen-Medizin. Zurück zu innerer Ganzheit durch schamanische Seelenrückholung.** Kartenset. Schirner 2013.

Biritz, Lisa: **Spirit der Delfine und Wale. Im Fluss sein mit ozeanischen Begleitern.** Schirner 2014.

Biritz, Lisa: **Spirit der Meere. Reise mit den Delfinen und Ruf der Buckelwale.** CD. Schirner 2014.

Biritz, Lisa Biritz: **Spirit im Gepäck. Delfine, Wale und Sternenwesen – Leben in der Neuen Zeit.** AMRA 2012.

Biritz, Lisa: **Vision der Seele: Entdecke deine Bestimmung im Leben.** Schirner 2018.

Biritz, Lisa / Hart, Francene: **Vision der Seele. Zum erfüllenden und begeisternden Lebensplan durch schamanische Seelenarbeit.** Kartenset. Schirner 2016.

Biritz, Lisa: **Vision der Seele. Lebenssinn, Erfolg, Begeisterung, Seelenweg.** CD. Schirner 2017.

Foster, Steven / Little, Meredith: **Visionssuche. Das Raunen des Heiligen Flusses. Sinnsuche und Selbstfindung in der Wildnis.** Arun 2002.

Harner, Michael: **Der Weg des Schamanen. Das praktische Grundlagenwerk zum Schamanismus.** Ansata 2011.

Huber, Georg: **Räucherstoffe & Räucherstäbchen. Eine kleine Räucherfibel.** Schirner 2009.

Huber, Georg: **Richtig räuchern. Für Wohlbefinden, Klärung und Gesundheit.** DVD. Jeomra 2017.

Ingermann, Sandra: **Auf der Suche nach der verlorenen Seele. Der schamanische Weg zu innerer Ganzheit.** Heyne 2010.

Kansa, Phillip / Kirchner, Elke: **Finde dein Krafttier und höre die Botschaft deiner Seele.** Schirner 2018.

Lörler, Marielu: **Hüter des alten Wissens. Schamanisches Heilen im Medizinrad.** Schirner 2014.

Paturi, Felix R.: **Heilbuch der Schamanen. Mit Trommelrhythmen und Naturweisheiten das Bewusstsein verändern und das Wissen der Schamanen nutzen.** Reichel 2016.

Sun Bear: **Der Pfad der Kraft.** Goldmann 1995.

Über die Autorin

Lisa Biritz reiste um die ganze Welt und erlernte die schamanische Arbeit sowohl nach Sandra Ingerman (Kern-Schamanismus) als auch nach Sun Bear. Sie ist in schamanischen Ahnenaufstellungen, Shiatsu und Reiki ausgebildet, außerdem zertifizierte Hatha-Yoga-Lehrerin. Sie arbeitete als Radiomoderatorin, schrieb für Zeitschriften wie »Frankfurter Allgemeine Zeitung – Magazin«, »Geo Saison«, »Süddeutsche Zeitung – Magazin« und »Elle«. Die gebürtige Holländerin und Mutter von Zwillingen lebt auf Hawaii in der Bucht der Delfine und Wale, wo sie schamanische Seminare abhält und von wo aus sie Teilnehmer in das Meer bei der Begegnung mit frei lebenden Delfinen und Walen begleitet.

Weitere Informationen unter: **www.LisaRainbow.com**

CD: Dein Medizinname
Entdecke dein verborgenes magisches Selbst
ca. 59 Min. – 3 geführte Meditationen
978-3-8434-8374-2

Buch: Seelen-Medizin
Mit schamanischem Wissen und
Seelenrückholung zu innerer Ganzheit
112 Seiten
978-3-8434-5082-9

CD: Seelen-Medizin
Seelenrückholung und Reinigung
von Fremdenergien
ca. 58 Min. – 2 geführte Meditationen
978-3-8434-8269-1

Orakelkarten: Seelen-Medizin
Zurück zu innerer Ganzheit durch
schamanische Seelenrückholung
44 Karten mit Begleitbuch
978-3-8434-9042-9

CD: Abnehmen schamanisch!
ca. 60 Min. – 4 geführte Meditationen
978-3-8434-8303-2

Buch: Schamanisches Fasten
Abnehmen und alles essen – das geht wirklich!
128 Seiten
978-3-8434-1170-7

Buch: Schamanisches Fasten
Mein Begleiter für eine glückliche Seele und
eine schlanke Figur
128 Seiten
978-3-8434-1278-0

Buch: Natur, Elemente, Spirits
Immerwährender schamanischer Kalender
176 Seiten
978-3-8434-1183-7

Buch: Spirit der Delfine und Wale
Im Fluss sein mit ozeanischen Begleitern
256 Seiten
978-3-8434-1151-6

CD: Spirit der Meere
Reise mit den Delfinen und Ruf der Buckelwale
ca. 59 Min. – 2 geführte Meditationen
978-3-8434-8284-4

CD: Botschaft der Delfine
ca. 53 Min. – 2 geführte Meditationen
978-3-8434-8242-4

Danke
für deine REZENSION

– Gemeinsam sind wir mehr –

Liebe Leserin, lieber Leser,

von Herzen danken wir dir, dass du dieses Buch in den Händen hältst und es bis zum Ende gelesen hast. Das bedeutet uns, dem Schirner Verlag und seinen Autoren, sehr viel. Aus voller Überzeugung und mit Hingabe widmen wir uns seit vielen Jahren Themen, die unser aller Lebensqualität und Bewusstwerdung dienlich sind, und hoffen, einen Beitrag für eine lichtvollere Welt leisten zu können. Wenn dir unsere Arbeit gefällt, möchten wir dich bitten, dir einige Minuten Zeit zu nehmen, um dieses Buch zu rezensieren. Warum? Die meisten Menschen lesen Rezensionen, bevor sie ein Buch kaufen, da sie hierdurch einen Eindruck bekommen, ob und wie der Inhalt des Buches den Leser erreicht hat. Eine kurze Rezension ist dabei ebenso hilfreich wie eine lange, sehr ausführliche. Um es auf den Punkt zu bringen:

Eine Rezension ist heutzutage die beste Werbung für ein Autorenwerk!

Wenn du den Schirner Verlag und seine Autoren neben dem Buchkauf auch anderweitig unterstützen willst, dann bitten wir dich: Schreibe für jedes Werk eine Rezension – am besten auf der Seite, wo du es gekauft hast, und zusätzlich beim Schirner Verlag und bei Amazon. Das wäre nicht nur eine Wertschätzung für die Autoren, sondern kann dazu beitragen, dass die Verkaufszahlen steigen und der Schirner Verlag auch in herausfordernden Zeiten Bestand hat.

WIE SCHREIBT MAN EINE REZENSION?

Grundsätzlich sollte eine Rezension aus der eigenen, subjektiven Sicht geschrieben werden, da es sich um eine persönliche Meinung handelt. Du kannst in zwei Sätzen deine Gedanken zu dem Buch äußern oder eine längere Rezension verfassen. Falls du nicht weißt, wie du beginnen sollst, hier ein paar Anregungen:

- War das Buch leicht verständlich geschrieben? Wie hat dir die Sprache gefallen? Wie empfandest du die Aufteilung der verschiedenen Themen?
- War es unterhaltsam? War es deiner Meinung nach mit Herzblut und Liebe geschrieben? Wie hat es auf dich gewirkt?
- Hat es dein Herz berührt? Konntest du dich wiederfinden?
- War es tief greifend genug? Hast du viel Neues gelernt?
- Hat es gehalten, was der Titel und die Buchbeschreibung versprochen haben? Hat es deine Erwartungen erfüllt?
- Was macht das Buch besonders? Warum sticht es heraus im Vergleich zu anderen Büchern, die ein ähnliches Thema behandeln?
- Würdest du das Buch weiterempfehlen oder verschenken?

Dankeschön

lesen, fliegen, landen
Schirner Verlag

Bildnachweis

Bilder von www.shutterstock.com:

Cover:
Feder: # 427339222 (© Gluici), Löwe-Frau: # 352537445 (© Jozef Klopacka), Glitzer: # 116861932 (© mythja), Wald: # 486715579 (© muratart)

Hintergrund- und Schmuckelemente:
Pergament: # 79257886 (© javarman), Traumfänger: # 1096859183 (© dashtik), Feder: # 427339222 (© Gluici), Ornament: # 145966769 (© art_of_sun), Kette mit Feder: # 417804703 (© wikki), Linie mit Punkten: # 162473483 (© Eva Kali)

Innenseiten:
S. 5: # 137114456 (© lola1960), S. 7: # 132604037 (© iravgusti), S. 8: # 794855368 (© marina shin), S. 8/9: # 407021107 (© biletskiy), S. 11: # 778606933 (© AstroStar), S. 12: # 750914560 (© sbw18), S. 12/13: # 97576808 (© Triff), S. 14: # 315940055 (© Elovich), S. 19: # 527304829 (© Volodymyr Martyniuk), S. 20: # 646246156 (© Maxplay photographer), S. 23: # 560610394 (© Cindy de Bree), S. 24: # 711136702 (© OceanBlack), S. 24/25: # 290165051 (© jaboo2foto), S. 26: # 145534792 (© tugol), S. 28: # 37377781 (© Pavel_Klimenko), S. 31: # 698328304 (© Bandolina), S. 33: # 1013574715 (© Guschenkova), S. 34: # 64262179 (© SariONeal), S. 34/35: # 60833764 (© Subbotina Anna), S. 36: # 296194676 (© A. and I. Kruk), S. 39: # 417370723 (© ChameleonsEye), S. 40: # 1130428331 (© Valmedia), S. 42: # 411820297 (© Bogdan Sonjachnyj), S. 45: # 1023418663 (© Vlad Teodor), S. 48: # 81279994 (© Dudarev Mikhail), S. 55: # 545712667 (© photowind), S. 56: # 786946549 (© Michele Aldeghi), S. 59: # 583656745 (© manop), S. 60: # 703927420 (© Elena Kutepova), S. 64: # 657660628 (© LedyX), S. 68: # 605259734 (© FS Stock), S. 71: # 437297290 (© Bogdan Sonjachnyj), S. 73: # 698044126 (© shutterpix), S. 75: # 435712021 (© A. and I. Kruk), S. 78: # 651374227 (© Evgeny Atamanenko), S. 80: # 523672024 (© chuanpis), S. 84: # 91697675 (© coka), S. 84/85: # 401940400 (© catalina.m), S. 89: # 591784352 (© Zolotarevs), S. 91: # 730208947 (© Jozef Klopacka), S. 92: # 669323860 (© Elina Leonova), S. 94: # 430472275 (© Butsaya), S. 101: # 1019182750 (© LedyX), S. 103: # 718390942 (© rbrown10), S. 104: # 784094344 (© TMArt), S. 105: # 471862784 (© Brian E Kushner), S. 106: # 326666291 (© Menno Schaefer), S. 107: # 717562150 (© Volodymyr Burdiak), S. 108: # 1010624065 (© ilkah), S. 109: # 486809287 (© Beatrice Prezzemoli), S. 110: # 352888028 (© Georgia Evans), S. 111: # 1014429274 (© Piotr Krzeslak), S. 112: # 3559622 (© ANP), S. 113: # 484772344 (© Ondrej Prosicky), S. 114: # 1075475654 (© Bob L Parker), S. 116: # 284113427 (© AstroStar), S. 116/117: # 218733994 (© Creative Travel Projects), S. 118/119: # 284696390 (© lola1960), S. 120: # 735521536 (© LOGVINYUK YULIA).

Autorenbild: Lisa Biritz